TECNOLOGIA, INOVAÇÃO

e outros assuntos

em análise

Fabio Correa Xavier

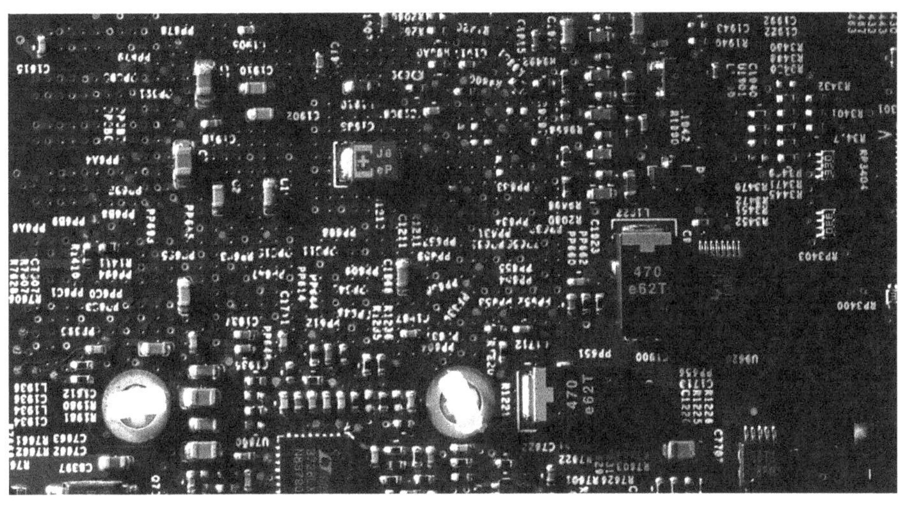

Tecnologia, Inovação
e outros assuntos em análise

Fabio Correa Xavier

1a Edição - 2021

À minha amada companheira para todas as horas, **Andressa Carvalho da Silva**. Você é meu pilar.

Aos meus amados filhos, **Gabriel** e **Isabella**.

À minha mãe, **Ana Maria da Aparecida Xavier**, uma mulher admirável.

CONTENTS

INTRODUÇÃO

Esta é uma obra que reúne os artigos, pensamentos e análises que foram publicado em diversas mídias, durante os anos de 2019 e 2020. É uma coletânea de ideias que foram colocadas em forma de artigos, alguns com a estimada e valorosa contribuição dos coautores **Andressa Carvalho da Silva** e **Andrey Fernando da Silva Ribeiro**, aos quais agradeço e faço questão de apresentar brevemente.

Andressa é Doutora e Mestra em Linguística, Advogada e pós-graduada em Direito Público e também em Direito Processual Civil. Atualmente ocupa o cargo de Assessora Técnica no Tribunal de Contas do Estado de São Paulo.

Andrey é pós-graduado em Análise, Projeto e Gerência de Sistemas (PUC-RJ), Bacharel em TI pela UERJ. Atualmente ocupa o cargo de Chefe Técnico da Fiscalização no Tribunal de Contas do Estado de São Paulo.

A ideia é reunir em uma única obra os artigos que tratam de tecnologia, inovação, comportamento humano na área de TI, sem a intenção de se tornar uma referência, mas sim, mais uma fonte de informação complementar para os interessados nessa empolgante área da tecnologia da informação.

Espero que aproveitem!

VISOR: UMA PLATAFORMA GRÁFICA COM LINGUAGEM CIDADÃ PARA ESTIMULAR O CONTROLE SOCIAL POR MEIO DOS ALERTAS DA LEI DE RESPONSABILIDADE FISCAL

Artigo em coautoria com a doutora Andressa Carvalho da Silva[5], ganhador do Prêmio Ministro Gama Filho, publicado pela Revista do Tribunal de Contas do Estado do Rio de Janeiro v. 14, p. 30-42.

Resumo: Este trabalho apresenta uma proposta de plataforma com o objetivo de clarificar a importância dos alertas emitidos pelos Tribunais de Contas aos seus jurisdicionados, conforme preconiza a legislação brasileira, especialmente a Lei de Responsabilidade Fiscal. A preocupação na criação do VISOR – Visão Social de Relatórios de Alertas foi utilizar uma linguagem cidadã, acessível ao cidadão comum dos municípios brasileiros, a partir da análise de uma imensa quantidade de dados orçamentários e fiscais dos municípios brasileiros, atribuição constitucional dos Tribunais de Contas. O grande volume, variedade e velocidade de geração desses dados recebidos pelos Tribunais de Contas podem classificar esse conjunto de dados analisados como Big Data, uma tecnologia emergente, principalmente no setor público. A plataforma também engloba outras tecnologias emergentes, como uso de chatbot, com tecnologia de machine learning e inteligência artificial, para permitir a correta interpretação de linguagem natural no atendimento aos cidadãos. Com o VISOR, espera-se estimular o controle social nos municípios brasileiros, aumentando, assim, o bom uso dos escassos recursos públicos.

Palavras-chave: LRF; Alertas; LAI; VISOR; Big Data.

Abstract: This paper presents a proposal for a platform with the objective of clarifying the importance of the alerts issued by the Courts of Accounts to their jurisdictions, as recommended by Brazilian legislation, especially the Fiscal Responsibility Law. The concern in the creation of VISOR – Visão Social de Relatórios de Alertas – was to use a citizen language, accessible to ordinary citizens of Brazilian municipalities, from the analysis of an immense amount of budgetary and fiscal data from Brazilian municipalities, constitutional attribution of the Courts of Accounts . The large volume, variety and speed of generation of this data received by the Courts of Accounts can classify this set of data analyzed as Big Data, an emerging technology, mainly in the public sector. The platform also includes other emerging technologies, such as the use of chatbot, with machine learning technology and artificial intelligence, to allow the correct interpretation of natural language in serving citizens. With VISOR, it is expected to stimulate social control in Brazilian municipalities, thus increasing the good use of scarce public resources.

Keywords: LRF; Alerts; LAI; VISOR; Big Data.

1. INTRODUÇÃO

A transparência na gestão pública é matéria que, constitucional e legalmente prevista, reclama atenção dos gestores e sociedade, atores inerentes ao funcionamento da máquina pública. Com o advento da internet e das redes sociais, nunca dantes o clamor social para a escorreita e verificável administração se fez ouvir de maneira tão estridente.

Este trabalho abordará uma ferramenta idealizada para auxiliar no atendimento dessa demanda: VISOR – Visão Social de Relatórios de Alertas. Trata-se de uma plataforma gráfica com quadrantes nos quais estão alocadas as Prefeituras Municipais em relação aos alertas emitidos pelos Tribunais de Contas.

O escopo que motivou a criação de tal medida interativa de informação foi justamente a transparência, a qual se revela como princípio inerente ao sistema normativo ínsito no Direito Público. Assim, a ferramenta permite visualizar dados que, estatisticamente, revelam informações qualitativas para o público. Ademais, partir de sua visualização, surgiu a hipótese ensejadora das análises estatísticas efetuadas neste trabalho, a saber: que a probabilidade de municípios insertos no quadrante vermelho – possuidores de maior quantidade e diversidade de alertas - terem pareceres desfavoráveis ao final do exercício é maior que a daqueles municípios que estão no quadrante verde – recebedores de menor número de alertas.

Por esse motivo, primeiramente serão abordados, em apertada síntese, características sobre o controle externo exercido pelos Tribunais de Contas, aludindo-se a sua natureza constitucional e os preceitos de Direito -precipuamente, Direito Financeiro - que regem a matéria sobre transparência e alertas emitidos pelos Tribunais de Contas. Também serão trazidos elementos legais que corroboram a necessidade de maior transparência e linguagem de fácil entendimento para a sociedade. Em seguida, será apresentada a plataforma VISOR, com a demonstração de sua interatividade para a sociedade na leitura do cumprimento dos preceitos da responsabilidade fiscal. A validação estatística da plataforma VISOR, juntamente com os fundamentos de sua análise, será demonstrada em seguida. Considerações finais sobre a importância do binômio transparência e interatividade social estão na seção final, seguidas da bibliografia aqui utilizada.

2. DA TRANSPARÊNCIA

A transparência é matéria cara à gestão pública. Tanto que diversos são os regramentos que buscam assegurar que o público tenha acesso livre à informação sobre os gestores e sua administração, a exemplo da Lei de Acesso à Informação – LAI – Lei nº 12.527/2011.A própria Lei de Responsabilidade Fiscal – Lei Complementar (doravante LC) nº 101/2000 foi alterada pela denominada "Lei da Transparência" – Lei Complementar nº 131/2009.

Cabe ressaltar que essa transparência pressupõe inerentemente que haja controle dos gastos públicos. Tanto que o mecanismo de Controle é previsto na Constituição Federal, em seu artigo 70:

> Art. 70. A fiscalização contábil, financeira, orçamentária, operacional e patrimonial da União e das entidades da administração direta e indireta, quanto à legalidade, legitimidade, economicidade, aplicação das

> subvenções e renúncia de receitas, será exercida pelo Congresso Nacional, mediante controle externo, e pelo sistema de controle interno de cada Poder.

Citado dispositivo constitucional, segundo o STJ, visa a efetivar a transparência na Administração Pública[8], a qual decorre do princípio da publicidade, presente taxativamente no rol elencado no *caput* do art. 37 da CRFB/88.

Essa previsão da Carta Maior da República - em relação ao controle externo- é replicada verticalmente nas constituições estaduais.

Os Tribunais de Contas são órgãos, então, constitucionalmente previstos, com autonomia gerencial para realizar a função fiscalizatória externa. Como afirmam Toledo Jr. e Rossi (2005), "os Tribunais de Contas são, na maioria dos casos, os efetivos guardiões da Lei de Responsabilidade Fiscal". Ou seja, sua existência se dá para que haja o controle *externa corporis* do que está sendo feito pelos gestores com o erário. Tanto é que, a partir da análise das contas anuais dos gestores municipais, o Tribunal de Contas emite parecer prévio para posterior julgamento pela Câmara Municipal.

Também visando à boa gestão da máquina pública, prevê o constituinte a necessidade de criação de uma Lei Complementar para cuidar da responsabilidade fiscal dos gestores:

> § 9º Cabe à lei complementar:
> I - dispor sobre o exercício financeiro, a vigência, os prazos, a elaboração e a organização do plano plurianual, da lei de diretrizes orçamentárias e da lei orçamentária anual;
> II - estabelecer normas de gestão financeira e patrimonial da administração direta e indireta bem como condições para a instituição e funcionamento de fundos.

Para atender a essa demanda do constituinte, em 04 de maio de 2000 foi publicada a Lei Complementar nº 101, conhecida como Lei de Responsabilidade Fiscal – doravante LRF. Lecionam Toledo e Rossi (2005) que a supracitada Lei Complementar inspirou-se em experiências internacionais – Tratado de

Maastricht na Comunidade Econômica Europeia, *Budget Enforcement Act* dos EUA, *Fiscal Responsability Act* da Nova Zelândia. Além disso, como também aponta Pereira Junior (2001), houve substancial pressão para que os países se ajustassem à orientação do FMI – Fundo Monetário Internacional que, desde o início dos anos 90, propunha que cada país editasse uma Lei de Responsabilidade Fiscal.

A verdade é que, ainda que "tardiamente", houve a aprovação da LC 101/2000. Nela são estabelecidas as diretrizes de uma boa gestão fazendária. Há diversos dispositivos que primam pelo cumprimento de metas de resultados entre receitas e despesas, pela necessidade de obediência a limites na condução das finanças pública, entre outros aspectos. No entanto, esta monografia irá se debruçar em um ponto já mencionado anteriormente: transparência.

Como mencionam Toledo e Rossi (2005), a transparência consta da exposição dos motivos do Projeto de LRF como sendo um dos instrumentos mais eficazes para a disciplina fiscal. Afirmam que "[o] controle social do erário é peça básica da Lei de Responsabilidade Fiscal que, para tanto, estabelece intensa agenda de debate popular e de publicidade das contas".

A transparência na gestão fiscal, então, está expressamente prevista na Seção I do Capítulo IX da LC 101/2000, em seu artigo 48:

> Art. 48. São instrumentos de transparência da gestão fiscal, aos quais será dada ampla divulgação, inclusive em meios eletrônicos de acesso público: os planos, orçamentos e leis de diretrizes orçamentárias; as prestações de contas e o respectivo parecer prévio; o Relatório Resumido da Execução Orçamentária e o Relatório de Gestão Fiscal; e as versões simplificadas desses documentos.
>
> § 1º A transparência será assegurada também mediante: (Redação dada pela Lei Complementar nº 156, de 2016)
>
> I – incentivo à participação popular e realização de audiências públicas, durante os processos de elaboração e discussão dos planos, lei de diretrizes orçamentárias e orçamentos; (Incluído pela Lei

Complementar nº 131, de 2009).
II - liberação ao pleno conhecimento e acompanhamento da sociedade, em tempo real, de informações pormenorizadas sobre a execução orçamentária e financeira, em meios eletrônicos de acesso público; e (Redação dada pela Lei Complementar nº 156, de 2016)
III – adoção de sistema integrado de administração financeira e controle, que atenda a padrão mínimo de qualidade estabelecido pelo Poder Executivo da União e ao disposto no art. 48-A. (Incluído pela Lei Complementar nº 131, de 2009)(Vide Decreto nº 7.185, de 2010)

Prescreve também a LRF, em seu artigo 59, que compete ao Tribunal de Contas alertar os gestores em situações nas quais haveria a necessidade de maior cuidado ou atenção no andamento da gestão. *In verbis*:

Art. 59. O Poder Legislativo, diretamente ou com o auxílio dos Tribunais de Contas, e o sistema de controle interno de cada Poder e do Ministério Público, fiscalizarão o cumprimento das normas desta Lei Complementar, com ênfase no que se refere a:
[...]
§ 1o Os Tribunais de Contas alertarão os Poderes ou órgãos referidos no art. 20 quando constatarem:
I - a possibilidade de ocorrência das situações previstas no inciso II do art. 4o e no art. 9o;
II - que o montante da despesa total com pessoal ultrapassou 90% (noventa por cento) do limite;
III - que os montantes das dívidas consolidada e mobiliária, das operações de crédito e da concessão de garantia se encontram acima de 90% (noventa por cento) dos respectivos limites;
IV - que os gastos com inativos e pensionistas se encontram acima do limite definido em lei;
V - fatos que comprometam os custos ou os resultados dos programas ou indícios de irregularidades na gestão orçamentária.
§ 2o Compete ainda aos Tribunais de Contas verificar os cálculos dos limites da despesa total com pessoal de cada Poder e órgão referido no art. 20.
§ 3o O Tribunal de Contas da União acompanhará o cumprimento do disposto nos §§ 2o, 3o e 4o do art.

39.

Ou seja, a partir da leitura dos dispositivos, nota-se, como dizem Toledo e Rossi (2005) que "[a]s situações que ensejam o alerta têm a ver com mecanismos essenciais da LRF, tais como: limitação de empenho, controle da despesa de pessoal, da dívida consolidada e da execução orçamentária como um todo".

Para Santos Filho (2006), os instrumentos de controle instituídos pela LRF trazem maior amplitude de ação tanto do controle interno, quanto do controle externo. Nesse contexto, Os Tribunais de Contas ganharam muita força na fiscalização preventiva, que é uma tendência moderna do controle considerando os pilares básicos da LRF (transparência, planejamento, controle e responsabilização).

Assim, é dever dos Tribunais de Contas, cumprindo a determinação legal, emitir alertas aos seus jurisdicionados. Ressalta-se que, como diz Mileski (apud Toledo; Rossi, 2005):

> Não se trata tão somente de um mero aviso, sem consequências. O alerta objetiva fazer com que as autoridades gestoras adotem providências para contenção dessas despesas ou medidas para as reduções iniciadas, sob pena de responsabilidade, inclusive em nível criminal (p. 348).

3. TRANSPARÊNCIA E LINGUAGEM CIDADÃ

A transparência na manutenção da máquina pública é a regra. Encontra-se preceituada no artigo 5º, inciso XXXIII da CRFB/88, que dita:

> todos têm direito a receber dos órgãos públicos informações de seu interesse particular, ou de interesse coletivo ou geral, que serão prestadas no prazo da lei, sob pena de responsabilidade, ressalvadas aquelas cujo sigilo seja imprescindível à segurança da sociedade e do Estado

Para Azevedo (2013), a LC 131/2009, que alterou dispositivos da LC 101/2000, como mostrado acima, veio justamente fortalecer um dos pilares da LRF, que é a transparência – por isso sua denominação de "Lei da Transparência". Ademais, acrescenta o autor que a primeira regra trazida pela LRF se volta para o planejamento público e determina a elaboração de uma "ação planejada e transparente" no trato com o erário.

Segundo Figueiredo e Santos (2013), uma administração transparente permite a participação do cidadão na gestão e no controle da administração pública e, para que essa expectativa se torne realidade, é essencial que ele tenha capacidade de conhecer e compreender as informações divulgadas.

Claro é que a informação precisa, suficiente e de fácil entendimento para o cidadão comum é fundamental para o controle social (FIGUEIREDO; SANTOS, 2013). Esse é o fundamento da plataforma VISOR: partindo da análise estatística de grande volume de dados, que crescem rapidamente, com grande variedade – *big data* –, gerar informação de qualidade e de fácil entendimento para a população.

Ou seja, por meio do gráfico de quadrantes da plataforma VISOR propõe-se, no presente trabalho, que seria possível notar com grande nitidez aqueles municípios que recebem mais alertas de vários tipos diferentes. Ao visualizá-lo, a população poderia ter ideia daqueles municípios que, estatisticamente, estariam enquadrados como com maior probabilidade de emissão de parecer desfavorável para julgamento das contas anuais do executivo.

Salienta-se que Gallon e Pfitsher (2011), com base em um estudo de natureza exploratória e descritiva, apresentaram, como menciona Azevedo (2013), em sua conclusão "um dado preocupante". Isso porque, após a aplicação de questionário a uma amostra populacional acerca das publicações referentes ao cumprimento da LRF, concluíram que os cidadãos não conseguem compreender as publicações que são efetuadas em atendimento à Lei de Responsabilidade Fiscal. A proposta das autoras é a de que haja uma complementação das informações para melhorar a compreensibilidade por parte do controle social.

Ressalta-se que os dados contábeis e orçamentários dos municípios e estados são recebidos e processados pelos Tribunais de Contas, que, então, emitem os alertas após a realização de uma análise daquilo que foi enviado.

É importante salientar que essa análise pode ser feita de forma automática, sistêmica, com uso de soluções informáticas diversas e específicas para cada Tribunal de Contas. Com o uso dessas tecnologias, os jurisdicionados prestam informações contábeis e orçamentárias que são processadas e garantem uma maior celeridade a abrangência da fiscalização dos gastos públicos, visto que virtual.

Tal processamento é de suma importância para a auditoria dos gastos. Não obstante, impende-se a criação de uma linguagem cidadã para que a sociedade como um todo compreenda sobreditas análises. Advoga Figueiredo (2000):

> [v]erifica-se grande dificuldade da sociedade em avaliar a conduta dos gestores públicos, notadamente em função da ausência de informações tempestivas, suficientes e confiáveis. [...] Aos Tribunais de Contas compete verificar o cumprimento da Lei de Responsabilidade Fiscal, que está erigida sobre alguns pilares, dentre os quais o da transparência. Assim entendida, não só a disponibilização de informações, mas sobretudo a compreensão dos dados divulgados por parte do cidadão mediano. O objetivo mais nobre do princípio da transparência é permitir e estimular o exercício do controle social, a mais eficaz das formas de controle da conduta do gestor público.

A plataforma VISOR, então, em seus quadrantes – detalhados na próxima seção -, busca uma maior interatividade entre o público em geral e a quantidade e tipo de alertas emitidos pelos Tribunais de Contas aos Prefeitos Municipais. Seu intuito é o de trazer a informação em uma leitura gráfica para a sociedade em geral, buscando a apresentação de informações em linguagem simples, de fácil entendimento.

Ao fazê-lo, cabe salientar, atende-se à Lei de Acesso à Informação – Lei nº 12.527/2011, que prescreve:

> Art. 8º É dever dos órgãos e entidades públicas promover, independentemente de requerimentos, a divulgação em local de fácil acesso, no âmbito de suas competências, de informações de interesse coletivo ou geral por eles produzidas ou custodiadas.

> [...]
> § 2º Para cumprimento do disposto no caput, os órgãos e entidades públicas deverão utilizar todos os meios e instrumentos legítimos de que dispuserem, sendo obrigatória a divulgação em sítios oficiais da rede mundial de computadores (internet).
> § 3º Os sítios de que trata o § 2o deverão, na forma de regulamento, atender, entre outros, aos seguintes requisitos:
> I - conter ferramenta de pesquisa de conteúdo que permita o acesso à informação de forma objetiva, transparente, clara e em linguagem de fácil compreensão; [grifo nosso]

Ademais, a Lei nº 13.460/2017, que dispõe sobre participação, proteção e defesa dos direitos do usuário dos serviços públicos da administração pública, assim determina:

> Art. 5º O usuário de serviço público tem direito à adequada prestação dos serviços, devendo os agentes públicos e prestadores de serviços públicos observar as seguintes diretrizes:
> XIV - **utilização de linguagem simples e compreensível, evitando o uso de siglas, jargões e estrangeirismos**. [grifo nosso]

Claro é que não se trata de um usuário *stricto sensu*: quando um cidadão acessa a página de um Tribunal de Contas para conhecer as informações relativas ao gestor de seu munícipio, pode-se tomá-lo, em uma interpretação extensiva, como um usuário *lato sensu,* visto que usa os serviços de informação disponibilizados pelos Tribunais de Contas. Com isso, estimula-se, também, o controle social, que seria "conjunto dos recursos materiais e simbólicos de que uma sociedade dispõe para assegurar a conformidade do comportamento de seus membros a um conjunto de regras e princípios prescritos e sancionados" (BOUDON; BOURRICAUD, 1993).

Nota-se, assim, que o VISOR atende ao binômio transparência e interatividade social. Para esse motivo foi idealizado o VISOR: permitir a todos aqueles que acessem o site de um Tribunal de Contas uma visão gráfica e condensada das informações referentes aos alertas emitidos por essas Cortes.

4. O VISOR

Com base no que foi descrito anteriormente, foi proposta, então, a criação e utilização de uma plataforma gráfica e de fácil entendimento, que torna a visualização dos alertas emitidos mais acessível à sociedade em geral.

A plataforma é composta de um gráfico de quadrantes – o quadrante de alertas -, no qual o eixo x seria a quantidade de alertas recebidos e o eixo y a quantidade de tipos diferentes de alertas para cada município. Além do gráfico de quadrantes, o site também apresenta o mapa do Estado com duas visões: uma com o VISOR - apresentando cada município com as cores dos quadrantes - e outra como um mapa de calor, mostrando os municípios com mais alertas em cores mais quentes.

5. O QUADRANTE DE ALERTAS

O quadrante de alertas – os quais são emitidos com base nos preceitos da LRF, como dantes exposto - é uma ferramenta gráfica, dividida em quatro quadrantes: vermelho, laranja, amarelo e verde. Os municípios são classificados em cada um desses quadrantes, considerando a quantidade de alertas como eixo x e a quantidade de tipos de alertas recebidos como eixo y. A divisão dos quadrantes usa a mediana da quantidade de alertas para o eixo x e a mediana da quantidade de tipo de alertas para o eixo y.

A figura a seguir ilustra o quadrante de alertas:

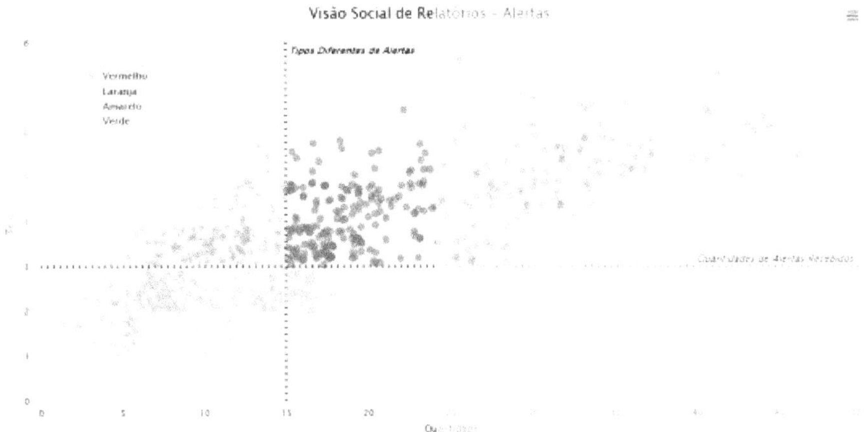

Figura 2 - O Quadrante de alertas na plataforma VISOR

Cada quadrante pode ser definido conforme a tabela abaixo:

Tabela 1 - Descrição dos quadrantes do VISOR

Quadrante	Descrição
Vermelho	Jurisdicionados que receberam grande quantidade de alertas de vários tipos diferentes.
Laranja	Jurisdicionados que receberam pequena quantidade de alertas, porém de vários tipos diferentes.
Amarelo	Jurisdicionados que receberam grande quantidade de alertas de poucos tipos diferentes.
Verde	Jurisdicionados que receberam pequena quantidade de alertas de poucos tipos diferentes.

Como dito anteriormente, trabalhou-se com a hipótese de que os municípios no quadrante vermelho têm maior probabilidade de terem pareceres desfavoráveis para as contas anuais de cada exercício. Com essa característica, a sociedade em geral tem condições de entender visualmente o risco ao qual seu município está exposto, se nada for feito em relação aos alertas.

Para validar tal premissa, foram utilizados os dados de alertas e pareceres referentes à LRF e pareceres dos anos de 2010 a 2016, emitidos por um Tribunal de Contas, mostrados de forma sumarizada na tabela a seguir:

Tabela 2 - Dados de pareceres e quadrantes utilizados na amostra

Ano	Parecer	Vermelho	Laranja	Amarelo	Verde
2010	Favorável	289	142	13	83
	Desfavorável	71	27	4	15
2011	Favorável	255	81	16	127
	Desfavorável	95	34	1	35
2012	Favorável	157	82	11	87
	Desfavorável	178	80	7	42
2013	Favorável	243	38	48	195
	Desfavorável	63	14	9	34
2014	Favorável	221	53	45	153
	Desfavorável	98	16	11	47
2015	Favorável	195	70	22	122
	Desfavorável	149	44	5	37
2016	Favorável	148	91	18	120
	Desfavorável	167	51	13	36

6. TESTE DE HIPÓTESE

Para validar a hipótese ora apresentada – de que municípios com maior quantidade e tipos de alerta possuem maior probabilidade de receberem parecer desfavorável -, demonstra-se a análise do teste de hipótese nos quadrantes vermelho e verde. Um teste de hipótese é um procedimento estatístico desenvolvido para testar um argumento, o qual é feito a partir de um parâmetro populacional, ou seja, um número que caracteriza toda a população (RUMSEY, 2012).

No teste de hipótese há sempre duas hipóteses. Para o VISOR, consideramos a hipótese nula H^0: $p^1=p^2$ e a hipótese alternativa H^a: p^1>p^2, onde p^1 é a probabilidade de parecer desfavorável para o quadrante vermelho e p^2 a probabilidade de parecer desfavorável no quadrante verde. Para o cálculo, foram seguidos os passos descritos por Rumsey (2012):

1. Calcular as proporções amostrais de pareceres desfavoráveis para os quadrantes vermelho e verde, respectivamente, $\hat{p}_1 = 0{,}352512 \; e \; \hat{p}_2 = 0{,}217123$. Observa-se também que n$_1$=2.239 e n$_2$=1.133 representam os dois tamanhos amostrais.

2. Encontrar a diferença entre as duas proporções amostrais, $\hat{p}_1 - \hat{p}_2 = 0{,}135389$.

3. Calcular a proporção amostral geral, $\hat{p}$, ou seja, o número de casos das duas amostras com parecer desfavorável, dividindo pelo número total das duas amostras: $\hat{p} = \dfrac{p_1 + p_2}{n_1 + n_2} = \dfrac{821 + 246}{2.239 + 1.133} = \dfrac{1.067}{3.372} = 0{,}316429$.

4. Calcular o erro padrão, dado pela fórmula a seguir:

$$\sqrt{\hat{p}(1-\hat{p})\left(\frac{1}{n_1} + \frac{1}{n_2}\right)}$$

$$= \sqrt{0{,}316429(1 - 0{,}316429)\left(\frac{1}{2239} + \frac{1}{1133}\right)} = \sqrt{0{,}216302 * 0{,}001329}$$

$$= \sqrt{0{,}000288} = 0{,}016725$$

5. Dividir o resultado obtido no passo 2 pelo resultado do passo 4, ou seja, $z_{observado} = \dfrac{0{,}135389}{0{,}016725} = 8{,}095007$

Fixando-se a significância $\alpha = 1\%$ e como a hipótese alternativa é H^a: p^1>p^2, trata-se de teste unilateral à direita e, neste caso, o valor crítico para $\alpha = 1\%$ é 2,326 desvios (z tabelado), o que define a região de rejeição de H^0. Ou seja, se $z_{observado} > 2{,}326$, a hipótese nula é rejeitada.

Considerando que $z_{observado} = 8{,}095007$ *é maior que o* $z_{crítico} = 2{,}326$, **rejeita-se a hipótese nula de igualdade entre as proporções** com base nos dados amostrais obtidos. Assim, no nível de significância de 1%, há evidências de que **a chance de parecer desfavorável para municípios que estejam no quadrante vermelho é maior do que**

aqueles que estão no quadrante verde.

7. CONCLUSÃO

Este trabalho apresentou uma ferramenta gráfica para facilitar o entendimento da importância dos alertas emitidos pelos Tribunais de Contas, o VISOR – Visão Social de Relatórios de Alertas. Trata-se de uma ferramenta gráfica com quadrantes nos quais se alocam as Prefeituras Municipais em relação à quantidade e diversidade de alertas emitidos pelos Tribunais de Contas.

O escopo que motivou a criação de tal medida interativa de informação foi a necessidade de se ter uma linguagem cidadã, clara, de modo a organizar a informação para a compreensão de um maior número de pessoas. Essa ideia foi explorada com base no arcabouço jurídico que envolve o assunto, como Direito Financeiro, Lei de Responsabilidade Fiscal e Lei de Acesso à Informação. Estimula-se, assim, o controle social.

Demonstrou-se, por fim, utilizando o teste de hipótese de duas proporções, a validação da hipótese ensejadora do presente trabalho: é maior a probabilidade de se ter um parecer desfavorável emitido pelos Tribunais de Contas para as contas do gestor do Executivo estando o município no quadrante vermelho do VISOR do que estando no quadrante verde. Tal informação, por meio da ferramenta gráfica, aprimora a possibilidade de leitura e conhecimento por parte da sociedade como um todo, em obediência ao princípio da transparência e aos ditames constitucionais e legais de informação acessível à população. Tem-se, assim, o atendimento, em tempo real e com linguagem natural - por meio gráfico, estatístico e virtual - ao binômio transparência e interatividade social no acompanhamento do gerenciamento da máquina pública dos municípios brasileiros.

8. REFERÊNCIAS BIBLIOGRÁFICAS

ANDERSON, David R.; SWEENEY, Dennis J.; WILLIANS,

Thomas A. **Estatística aplicada à administração e economia**. 2. ed. São Paulo: Cengage Learning, 2007.

AZEVEDO, Ricardo Rocha. Uma análise dos índices da lei de responsabilidade fiscal nos municípios paulistas após a implantação do projeto AUDESP. **Revista de Gestão, Finanças e Contabilidade**, ISSN 2238-5320, UNEB, Salvador, v. 3, n. 2, p. 39-60, maio/ago. 2013.

BOUDON, R.; BOURRICAUD, F. **Dicionário Crítico de Sociologia**. São Paulo: Ática, 1993. 653p.

BRASIL. [Constituição (1988)]. **Constituição da República Federativa do Brasil de 1988**. Brasília, DF: Presidência da República. Disponível em: http://www.planalto.gov.br/ccivil_03/constituicao/constituicao.htm. Acesso em: 24 abr. 2019.

______. **Lei Complementar nº 101, de 4 de maio de 2000**. Estabelece normas de finanças públicas voltadas para a responsabilidade na gestão fiscal e dá outras providências. Brasília, DF: Presidência da República, Portal da Legislação, [2000]. Disponível em: http://www.planalto.gov.br/ccivil_03/leis/lcp/lcp101.htm. Acesso em: Acesso em: 29 abr. 2019.

______. **Lei Complementar nº 131, de 27 de maio de 2009**. Acrescenta dispositivos à Lei Complementar no 101, de 4 de maio de 2000, que estabelece normas de finanças públicas voltadas para a responsabilidade na gestão fiscal e dá outras providências, a fim de determinar a disponibilização, em tempo real, de informações pormenorizadas sobre a execução orçamentária e financeira da União, dos Estados, do Distrito Federal e dos Municípios. Brasília, DF: Presidência da República, Portal da Legislação, [2009]. Disponível em: https://www.planalto.gov.br/ccivil_03/leis/lcp/lcp131.htm. Acesso em: 10 abr. 2020.

______. **Lei nº 12.527, de 18 de novembro de 2011**. Regula o acesso a informações previsto no inciso XXXIII do art. 5o, no inciso II do § 3o do art. 37 e no § 2o do art. 216 da Constituição Federal; altera a Lei no 8.112, de 11 de dezembro de 1990; revoga a Lei no 11.111, de 5 de maio de 2005, e dispositivos da Lei no 8.159, de 8 de janeiro de 1991; e dá outras providências. Brasília, DF: Presidência da República, Portal da Legislação, [2019]. Disponível em: http://www.planalto.gov.br/ccivil_03/_ato2011-2014/2011/lei/l12527.htm. Acesso em: 29 abr. 2019.

______. **Lei nº 13.460, de 26 de junho de 2017**. Dispõe sobre participação, proteção e defesa dos direitos do usuário dos serviços públicos da administração pública. Brasília, DF: Presidência da República, Portal da Legislação, [2017]. Disponível em: http://www.planalto.gov.br/ccivil_03/_ato2015-2018/2017/lei/l13460.htm. Acesso em: 10 abr. 2020.

______. **Lei Federal nº 4.320, de 17 de março de 1964**. Estatui Normas Gerais de Direito Financeiro para elaboração e controle dos orçamentos e balanços da União, dos Estados, dos Municípios e do Distrito Federal. Brasília, DF: Presidência da República, Portal da Legislação. Disponível em: <http://www.planalto.gov.br/ccivil_03/Leis/L4320.htm>. Acesso em: 29 abr. 2019.

BRASIL. Superior Tribunal de Justiça. Mandado de Segurança 9.642/DF. Portaria n. 68/2004, do Ministério do Controle e da Transparência. Recursos públicos federais repassados aos municípios. Fiscalização pela Controladoria-Geral da União. Impetrante: Município de Itagimirim. Impetrado: Ministro de Estado do Controle e da Transparência. Relator: Min. Luiz Fux, 23 de fevereiro de 2005. **Diário de Justiça**: seção 1, Brasília, DF, p. 204, 21 mar. 2005.

BUSSAB, Wilton. **Estatística Básica**. 5. ed. São Paulo. Saraiva, 2006. 540 p.

FIGUEIREDO, Vanuza da Silva; SANTOS, Waldir Jorge Ladeira dos. Transparência e controle social na administração pública. **Temas de Administração Pública**, Araraquara, v. 8, n. 1, 2013. Disponível em: https://periodicos.fclar.unesp.br/temasadm/article/view/6327/4715. Acesso em: 24 abr. 2019.

FIGUEIREDO, Carlos Maurício. **Ética na gestão pública e exercício da cidadania: o papel dos tribunais de contas brasileiros como agências de** *accountability*: **o** caso do Tribunal de Contas de Pernambuco. *In:* 7. CONGRESO INTERNACIONAL DEL CLAD SOBRE LA REFORMA DEL ESTADO Y DE LA ADMINISTRACIÓN PÚBLICA, 7., 2002, Lisboa. Anais [...] Lisboa: Apagar, 2002. 18 p. Disponível em: https://cladista.clad.org/bitstream/handle/123456789/2305/0044116.pdf?sequence=1&isAllowed=y. Acesso em: 28 abr. 2019.

GALLON, Alessandra Vasconcelos; PFITSCHER, Elisete Dahmer. A compreensibilidade dos cidadãos de um município Gaúcho acerca dos demonstrativos da Lei de Responsabilidade Fiscal publicados nos jornais. **Revista de Contabilidade do Mestrado em Ciências Contábeis da UERJ**, Rio de Janeiro, v. 16, n. 1, p. 79-96, jan./abr. 2011.

HUANG, Jizhou; ZHOU, Ming; YANG, Dan. Extracting chatbot knowledge from online discussion forums. **Proceedings of the 20th international joint conference on Artifical intelligence**, Hyderabad, India, p. 423-428, jan. 2007. Disponível em: https://www.ijcai.org/Proceedings/07/Papers/066.pdf. Acesso em: 19 jul. 2019.

PEREIRA JUNIOR, José Torres. **Aspectos constitucionais da Lei de Responsabilidade Fiscal**. Revista da EMERJ, v.4, n.15, 2001.

RAMOS FILHO, Carlos Alberto de Moraes. **Direito Financeiro**. São Paulo: Saraiva, 2015.

RUMSEY, Deborah. **Estatística para Leigos.** Rio de Janeiro: Alta Books, 2012. 368 p.

SANTOS FILHO, Elmitho Ferreira dos. A atuação dos Tribunais de Contas para o cumprimento da Lei de Responsabilidade Fiscal e sua importância para as punições fiscais e penais. 2006. 20 f. Monografia (Especialização em Direito Público e Controle Externo) - Faculdade de Direito, Universidade de Brasília, Brasília, 2006. Disponível em: https://portal.tcu.gov.br/biblioteca-digital/a-atuacao-dos-tribunais-de-contas-para-o-cumprimento-da-lei-de-responsabilidade-fiscal-e-sua-importancia-para-as-punicoes-fiscais-e-penais.htm. Acesso em: 24 abr. 2019.

TOLEDO JR, Flávio C. de; ROSSI, Sérgio Ciquera. Lei de responsabilidade fiscal: comentada artigo por artigo. São Paulo: NDJ, 2005.

______. O controle da Lei de Responsabilidade Fiscal: a experiência do Tribunal de Contas do Estado de São Paulo: dez anos de vigência. **Revista Técnica dos Tribunais de Contas – RTTC**, Belo Horizonte, ano 1, n.0, p. 57-71, set. 2010.

TORRES, Ricardo Lobo. **O Princípio da Transparência no Direito Financeiro**. Disponível em: https://www.agu.gov.br/page/download/index/id/886223. Acesso em: 24 abr. 2019.

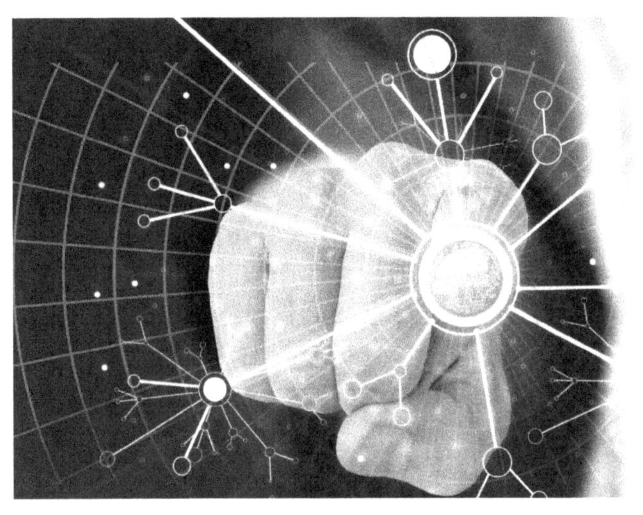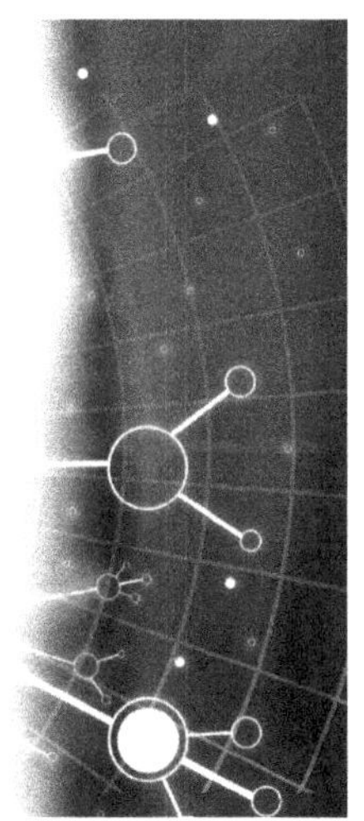

USO DA CIÊNCIA DE DADOS COMO FERRAMENTA PARA PLANEJAMENTO DE ATINGIMENTO DAS METAS DA AGENDA 2030 PARA O DESENVOLVIMENTO SUSTENTÁVEL

Artigo em coautoria com Andrey Fernando da Silva Ribeiro [1].

FABIO CORREA XAVIER

publicado pela Revista Cadernos EPCP, v.1, p. 52-57

Resumo

Este artigo apresenta uma aplicação da Ciência de Dados para obter e cruzar dados com o objetivo de subsidiar um planejamento adequado para se atingir as metas previstas na Agenda 2030 para o Desenvolvimento Sustentável. Como caso prático, mostraremos como um gestor municipal poder fazer uso de dados públicos de população e educação para conseguir atingir a meta 4.2, atendendo 100% da demanda por creches em seu município.

Palavras-chave: Ciência de dados. ODS. Agenda 2030. Desenvolvimento sustentável. Educação infantil. Creche.

1. Introdução

E se fosse possível prever a ocorrência de um surto de uma doença antes mesmo que este acontecesse? Ou prever a direção para a qual um vírus se espalhará? Ou ainda prever quando uma moléstia chegará à sua cidade?

Certamente estas informações seriam de grande valia nas mãos hábeis de gestores proativos e comprometidos com a saúde e o bem-estar da população local.

Mas o que pode parecer uma utopia ao olhar do leitor, na verdade, já é uma realidade. Basta uma rápida pesquisa na Internet para constatar que existem ferramentas capazes de realizar este feito. Mas como isso é possível?

Segundo Pereira (2015), pesquisadores desenvolveram uma ferramenta chamada ARGO (*AutoRegression with GOogle search data*), capaz de usar dados captados nas pesquisas do Google para realizar tais previsões. Ela é baseada num novo esquema de organização de informações que, unido a uma calibração contínua, gerou uma forma de acompanhar surtos de gripe.

Entretanto, se engana quem acha que esta é uma realidade distante de terras brasileiras. Graças a uma parceria entre uma empresa *startup* malaia e uma ONG carioca, foi possível criar uma tecnologia que usa a inteligência artificial para prever surtos de dengue em determinadas regiões, facilitando a sua prevenção e combate (PRADO, 2015).

Estas duas ferramentas possuem algo em comum além do seu objetivo principal, que é o de prevenir e combater doenças: o uso da Ciência de Dados (ou *Data Science*, em inglês). Trata-se de uma área interdisciplinar voltada para o estudo e a análise de dados, estruturados ou não, que visa à extração de conhecimento. Comumente utiliza aprendizagem de máquina[2], *Big Data*[3], além de técnicas de outras áreas interdisciplinares como estatística, economia, engenharia e outros campos da computação.

Sendo assim, os dois exemplos acima ilustram de maneira definitiva que se trata de ferramentas valiosas que podem e devem ser utilizados pela Administração Pública no desempenho das suas funções.

2. A Ciência de Dados

A Ciência de Dados é um campo emergente de pesquisa que se concentra em extrair informações relevantes de um grande e complexo conjunto de dados (DANIEL, 2018). A Ciência de Dados pode envolver o uso de aprendizado de máquina e outras técnicas automatizadas para coleta, processamento, consolidação e visualização de dados, muitas vezes heterogêneos e complexos. Como um campo de investigação multidisciplinar, a Ciência de Dados acaba por envolver conhecimentos das áreas de estatística, pesquisa operacional, matemática, humanidades e ciências sociais, além da ciência da computação (DANIEL, 2018). Por essas características, o uso dessa técnica pode se ser um grande desafio, se levarmos em conta a variedade de técnicas de descoberta de conhecimento e o colossal volume de dados existentes e à disposição.

Para vencer desafios como a exploração de grande quantidade de dados, a procura por padrões consistentes, regras de associação, sequências temporais e detecção de relacionamentos entre variáveis, existem várias técnicas, processos e modelos de extração do conhecimento. Para ilustrar a diversidade de técnicas e áreas de conhecimento, descrevemos algumas delas, sucintamente, a seguir:

I - **Mineração de Dados** *(Data Mining)*: que, segundo Tan (2006), consiste "na aplicação de algoritmos sobre bases de dados a fim de se extrair conhecimento útil não trivial dessas". Ainda de acordo com Larose (2005), pode-se definir mineração de dados como sendo

> "um processo de descoberta de novas correlações, padrões e tendências significativas através do exame de grandes quantidades de dados armazenados em repositórios através do uso de tecnologias de reconhecimento de padrões, de estatística e de matemática".

II – **Mineração de Textos (***Text Mining***)**: um processo computacional no qual se busca analisar um ou mais documentos na busca de informações relevantes, como, por exemplo, conceitos recorrentes, relacionamentos entre conceitos, dentre outros (FELDMAN; SANGER, 2006).

III – **Clusterização**: que visam à formação de grupos de observações homogêneos dentro de um mesmo grupo e significativamente distintas das observações inseridas em outros grupos (VICTOR LEONARDO CERVO, 2015)

IV - **Lógica Fuzzy**: técnica desenvolvida pela necessidade de criação de um método capaz de expressar de uma maneira sistemática quantidades imprecisas, vagas e mal definidas (MORE et al., 2010).

V - **Web Crawler**: um script ou programa que pode navegar em páginas web de maneira automática, para se atingir alguma finalidade específica (GARG; GUPTA; SINGH, 2017).

Neste momento, podem surgir vários pensamentos desanimadores na mente do leitor, como "isso é muito complicado", "vou ter que remar muito pra chegar nesse nível", ou ainda "não temos recursos para realizar um trabalho de análise deste porte". Por desmistificar essa imagem, demonstraremos na próxima seção uma aplicação simples da Ciência de Dados, tendo como premissa o atingimento de uma das metas dos Objetivos de Desenvolvimento Sustentável - ODS da ONU.

3. Caso Prático

A adoção de modelos e técnicas complexas e avançadas de análise de dados pode ser um fator desanimador para a maioria dos profissionais que iniciam esta jornada. Portanto, acreditamos que, no início, simplicidade é essencial. A utilização de modelos simples, porém corretos e precisos, que reflitam a realidade da sua localidade, é o melhor caminho a ser tomado. Uma análise simples e correta certamente alcançará resultados mais efetivos e rápidos.

Do mesmo modo, a utilização de uma abordagem iterativa e incremental, que aumente paulatinamente a complexidade e fidedignidade do modelo, é uma excelente prática. Para isso, a reutilização do conhecimento adquirido nas iterações anteriores é um passo fundamental. Assim, será possível acompanhar a evolução do trabalho, além de facilitar a reanálise periódica dos dados, parte importante que visa entender as mudanças ocorridas ao longo do tempo.

Para exemplificar essa abordagem simples, iterativa e incremental, vamos utilizar uma meta de um dos objetivos de destaque no âmbito dos ODSs, no ano de 2018, no TCESP: a educação inclusiva, equitativa e de qualidade. Para tal, escolhemos uma de suas metas para nortear o exemplo proposto neste artigo, a meta 4.2, enunciada a seguir:

> "Meta 4.2 – Até 2030, garantir que todas as meninas e meninos tenham acesso a um desenvolvimento de qualidade na primeira infância, cuidados e educação pré-escolar, de modo que eles estejam prontos para o ensino primário." (NAÇÕES UNIDAS NO BRASIL, 2015)

Os cuidados pré-escolares certamente passam pelo oferecimento de vagas de creches à população, oferecendo cuidados que possam contribuir para um desenvolvimento de qualidade da primeira infância. O processo de desenvolvimento infantil é influenciado pela interação de diversos ambientes, incluindo berçários, creche e pré-escola, nos quais a criança tem a oportunidade de interagir com os pares e outros adultos, aprendendo novas habilidades cognitivas e socioemocionais (MACANA; COMIM; TAI, 2014).

Entretanto, sabemos que, até 2030, a quantidade de vagas em creches necessárias ao atendimento da população pode (e deve) variar. Sendo assim, resta-nos responder, mesmo que de maneira aproximada, a seguinte pergunta:

Quantas vagas de creche serão necessárias em 2030 para que o meu Município atenda a toda a demanda da população nesta data?

A primeira etapa deste processo consiste em extrair e transformar dados úteis da imensidão de informações públicas disponíveis em várias mídias, especialmente na Internet. Para este caso, utilizamos dados do Índice de Efetividade da Gestão Municipal - IEG-M (Exercício 2017), extraindo os dados referentes à demanda por creche, do município[4] em análise. Esses dados são mostrados na Tabela 1.

Tabela 1 - Demanda por vagas de creche do Município em análise.
Fonte: IEG-M TCESP

Vagas de creche oferecidas	5.636
Demanda municipal por vagas em creche	7.944
Demanda não atendida	2.308 (40,95% das vagas existentes)

Do Portal de Estatísticas do Estado de São Paulo da Fundação SEADE, extraímos os dados de projeção de crescimento populacional do mesmo Município, exibidos na Tabela2.

Tabela 2 - Dados de projeção do crescimento populacional do Município em

análise
Fonte: Fundação Seade

Períodos	População
2014	273.854
2015	276.852
2016	279.626
2017	282.428
2018	285.257

Os dados da Tabela 2 permitem o cálculo da taxa de crescimento populacional anual, por meio da seguinte fórmula:

Figura 1 – Fórmula para cálculo de taxa de crescimento anual

$$\left[\left(\frac{f}{s} \right)^{1/y} - 1 \right] \times 100$$

onde:

f → População final (ano de 2018)

s → População inicial (ano de 2014)

y → Número de anos em análise (no nosso caso, 2018 – 2014 = 4)

Assim, temos:

$$\left[\left(\frac{285.257}{273.854} \right)^{\frac{1}{2018-2014}} - 1 \right] \times 100 = 1,03\% \ a.a.$$

Como demonstrado anteriormente, vimos que a taxa de crescimento anual da população é de **1,03%** ao ano. Em um primeiro modelo, poderíamos aplicar a mesma taxa na demanda de vagas por creches, o que nos daria, no ano de 2030, uma necessidade de 9.070 vagas em creches.

Entretanto, sabemos que o número de vagas existentes hoje é menor que a demanda atual. Sendo assim, para atingir 100% de atendimento à demanda de vagas, a taxa de crescimento da oferta de vagas deve ser maior que a taxa de crescimento populacional.

Aplicando a mesma fórmula da Figura 1, calculamos que a taxa de crescimento necessária para igualar a quantidade de vagas à demanda no ano de 2030, é de **3,73%** ao ano.

Para ilustrar graficamente os cálculos exibidos até aqui, plotamos no Gráfico 1 as duas taxas de crescimento apuradas.

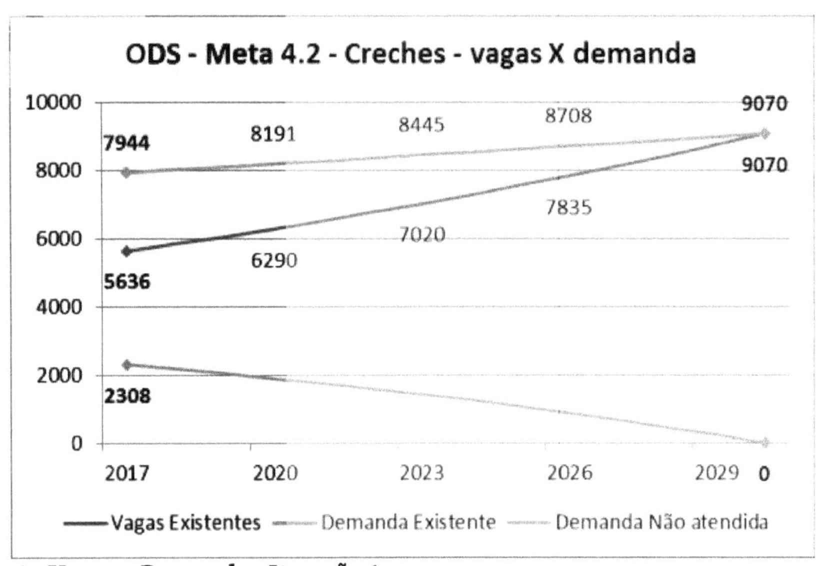

Gráfico 1 - Vagas x Demanda - Iteração 1

4. Aprimorando o Modelo com dados mais precisos

Uma das características mais importantes de um cientista de dados é a inquietude frente aos resultados alcançados, é ter aquela sensação de que alguma coisa sempre pode ser melhorada.

O que nos leva à seguinte pergunta: estariam disponíveis dados mais precisos para o cálculo da taxa de crescimento populacional?

Garimpando o banco de dados do Portal de Estatística do Estado de São Paulo da Fundação Seade, constatamos que há dados mais precisos. A referida entidade também projeta a população por faixa etária. Sendo assim, podemos utilizar as projeções populacionais da faixa de 0 a 4 anos, objeto do nosso estudo, como mostrado na Tabela 3.

Tabela 3 - Projeção de crescimento populacional para a faixa etária de 0 a 4 anos.
Fonte: Fundação Seade

Períodos	População de 0 a 4 Anos
2014	20.358
2015	20.750
2016	20.783
2017	20.807
2018	20.819

Aplicando a fórmula da Figura 1, temos:

$$\left[\left(\frac{20.819}{20.358} \right)^{\frac{1}{2018 - 2014}} - 1 \right] \times 100 = 0{,}56\% \ a.a.$$

Percebemos no cálculo acima que a taxa de crescimento da população de 0 a 4 anos é muito menor que a da população como um todo. Sendo assim, a quantidade de vagas necessárias até 2030 cai de 9.070 para 8.544, uma redução de 526 vagas (5,8%), que seriam criadas sem necessidade. Ilustramos, novamente, essas projeções de crescimento no Gráfico 2.

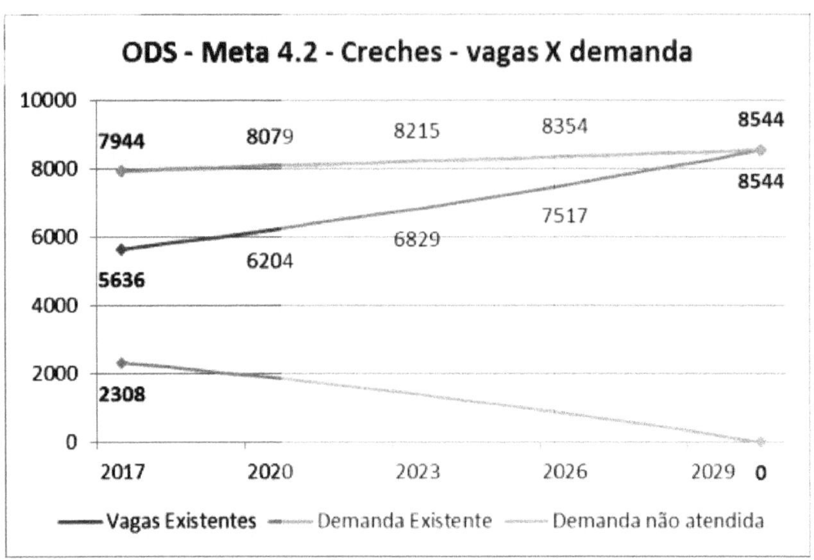

Gráfico 2 - Vagas x Demanda - Iteração 2

Poderíamos, ainda, fazer novas iterações, refinamentos e melhorias no modelo, como estratificar por regiões da cidade ou por renda, aumentando a precisão e complexidade da projeção.

5. Conclusão

Este artigo procurou apresentar de maneira introdutória o que é a Ciência de Dados e como utilizá-la para se planejar o atingimento de uma das metas propostas na Agenda 2030 dos Objetivos de Desenvolvimento Sustentável – ODS. Vimos que a abordagem iterativa e incremental, aumentando paulatinamente a complexidade, quantidade de dados e precisão do modelo é um caminho menos doloroso para se iniciar nessa técnica. Por fim, separamos algumas dicas que podem ser muito valiosas para iniciantes neste assunto:

Dica #1: Revisitar seus dados e suas análises periodicamente.

Deve-se buscar erros, incoerências, dados incorretos, imprecisos ou inadequados à sua necessidade. É uma boa prática verificar se o seu modelo espelha a realidade, certificando-se de que os resultados projetados são compatíveis com os alcançados.

Dica #2: Aprenda com os dados dos outros.

Se alguém já gastou tempo e dinheiro para desenvolver um estudo que se aplica à sua realidade, não gaste tudo de novo. Use-o!

Dica #3: Nenhum dado estatístico substitui o trabalho de campo.

Os dois trabalhos são complementares e importantes. Testar na prática os modelos, colhendo os dados da sua localidade em campo, é uma boa prática. Com isso, a precisão do modelo será sempre melhor.

6. Referências Bibliográficas

MACANA, Esmeralda Correa; COMIM, Flávio; TAI, Silvio Hong Tiing. Impactos da Creche na Primeira Infância: efeitos dependendo das características da família e do grau de exposição ao centro de cuidado. Porto Alegre, 2014. Disponível em: http://repositorio.pucrs.br/dspace/bitstream/10923/10687/2/Impactos_da_creche_na_primeira_infancia_efeitos_dependendo_das_caracteristicas_da_familia_e_o_grau_de_exposicao_ao.pdf. Acesso em: 22 nov. 2018.

DANIEL, Ben. **Reimaging Research Methodology as Data Science**. Big Data And Cognitive Computing, [s.l.], v. 2, n. 1, p.4-20, 12 fev. 2018. MDPI AG. http://dx.doi.org/10.3390/bdcc2010004.

FELDMAN, R.; SANGER, J. **Text Mining Handbook**. Cambridge (MA): Cambridge University Press, 2006.

GARG, Abhinav; GUPTA, Kratika; SINGH, Abhijeet. **Survey of Web Crawler Algorithms**. International Journal Of Advanced Research In Computer Science, v. 5, n. 8, maio 2017.

LAROSE, D. "Discovering knowledge in data: an introduction to data mining", John Wiley and Sons, Inc., 2005, 723p.

MORE, Jesus et al. **Evaluation of the Globo.Com Portal Efficiency: A Case Study In Light Of The Fuzzy Set Theory**. Jistem Journal Of Information Systems And Technology Management, [s.l.], v. 7, n. 2, p.353-374, 30 ago. 2010. TECSI. http://dx.doi.org/10.4301/s1807-17752010000200006. Disponível em: <http://www.jistem.fea.usp.br/index.php/jistem/article/view/10.4301%252FS1807-17752010000200006/210>. Acesso em: 22 nov. 2018.

NAÇÕES UNIDAS NO BRASIL. **Transformando Nosso Mundo: A Agenda 2030 para o Desenvolvimento Sustentável**. 2015. Disponível em: <https://nacoesunidas.org/pos2015/ods4/>. Acesso em: 20 nov. 2018.

PEREIRA, Leonardo. **Ferramenta usa dados do Google para prever surtos de gripe.** 2015. Disponível em: <https://olhardigital.com.br/noticia/ferramenta-usa-dados-do-google-para-prever-surtos-de-gripe/52855>. Acesso em: 19 nov. 2018.

PRADO, Jean. **Startup usa inteligência artificial para prever surtos de dengue no Brasil.** 2015. Disponível em: <https://tecnoblog.net/189257/inteligencia-artificial-surtos-dengue-brasil/>. Acesso em: 20 nov. 2018.

SÃO PAULO. Fundação Seade. Secretaria de Planejamento e Gestão do Estado de São Paulo. **Perfil dos Municípios Paulistas**. 2018. Disponível em: <http://www.perfil.seade.gov.br/>. Acesso em: 20 nov. 2018.

SÃO PAULO. TRIBUNAL DE CONTAS DO ESTADO DE SÃO PAULO. . **Índice de Efetividade da Gestão Municipal**. 2017. Disponível em: <https://iegm.tce.sp.gov.br/>. Acesso em: 20 nov. 2018.

TAN, P.; STEINBACH, M.; KUMAR, V. "**Introduction to Data Mining**", Addison-Wesley Longman Publishing Co., Inc., 2006, 476p.

VICTOR LEONARDO CERVO. **Seleção de variáveis para clusterização de bateladas produtivas através de ACP e remapeamento kernel**. Production, [s.l.], v. 25, n. 4, p.826-833, 18 ago. 2015. FapUNIFESP (SciELO). http://dx.doi.org/10.1590/0103-6513.143613.

YANG, Shihao; SANTILLANA, Mauricio; KOU, S. C.. **Accurate estimation of influenza epidemics using Google search data via ARGO**. 2015. Disponível em: <http://www.pnas.org/content/early/2015/11/04/1515373112>. Acesso em: 20 nov. 2018.

AGENDA 2030: A CONTRIBUIÇÃO DA TECNOLOGIA DA INFORMAÇÃO COM A IMPLANTAÇÃO DE PRÁTICAS DE TI VERDE

Artigo em coautoria com Andrey Fernando da Silva Ribeiro[5] publicado pela Revista Cadernos EPCP, v.1, p. 10-18

1. Resumo

Práticas de Desenvolvimento Sustentável e a Agenda 2030, lançada em 2015 pela Organização das Nações Unidas e adotada pela totalidade de seus 193 países membros (NAÇÕES UNIDAS NO BRASIL, 2015), indicam que é imprescindível assegurar padrões de produção e de consumo sustentáveis, frente à escassez iminente de recursos naturais.

Este artigo apresenta como a TI Verde pode ajudar nesse objetivo, com o uso de práticas sustentáveis que deixam menos prejudicial ao meio ambiente o uso da computação. Serão mostrados exemplos já adotados em órgãos públicos e também no Tribunal de Contas do Estado de São Paulo (TCESP).

Palavras-chave: ODS. Agenda 2030. Desenvolvimento sustentável. TI Verde. Tecnologia sustentável.

2. Introdução

No triênio 2016-2018, o Brasil passou por sérias crises energéticas, com a escassez de chuva e baixo nível das represas hidrelétricas. Embora tenha havido melhoria na situação energética do país, esse período de dificuldades demonstrou que o uso racional dos recursos naturais deve ser uma preocupação constante da sociedade em geral. *Sustentabilidade* e *Desenvolvimento Sustentável* são tendências cada vez mais fortes em todos os setores. A *Agenda 2030,* lançada em 2015 pela Organização das Nações Unidas e adotada pela totalidade de seus 193 países membros (NAÇÕES UNIDAS NO BRASIL, 2015), indica em seu objetivo *12 – Consumo e Produção Responsáveis,* que é imprescindível assegurar padrões de produção e de consumo sustentáveis.

O desperdício de recursos naturais é o preço mais alto que a humanidade pode pagar frente à sua iminente escassez. Essa preocupação em escala global atinge todos os setores da sociedade – e certamente Administração Pública não está alheia a esta agenda.

Em seu sítio eletrônico, o Ministério do Meio Ambiente relata que a cultura do desperdício é característica marcante nos atuais padrões de produção e consumo, ultrapassando as camadas de alta renda e atingindo as camadas menos favorecidas (BRASIL, 2019).

Na contramão dessa cultura está a Tecnologia da Informação (TI), importante vetor na redução do elevado nível de desperdício dos recursos naturais, com a redução dos custos operacionais, ajudando na preservação do meio ambiente. Segundo Lunardi, Simões e Frio (2014), a TI sempre foi considerada um dos grandes vilões para o desenvolvimento sustentável, tendo sido apontada como um dos principais responsáveis pelo aquecimento global, pela emissão de dióxido de carbono, pelo elevado consumo de enérgica e pela produção ineficiente e descarte inadequado de matérias. Contudo, é crescente o número de diretores e gerentes de TI que inovam e lideram em suas organizações a adoção de práticas sustentáveis para alteração desse cenário (LUNARDI; SIMÕES; FRIO, 2014). O conjunto de práticas que adotam a sustentabilidade nos departamentos e empresas de TI é conhecido com o *TI Verde* e já foi identificado como tendência a partir de 2008 (THIBODEAU, 2007; ITWEB, 2009).

Com a adoção pelo Brasil da Agenda 2030, a TI Verde ganha um novo fôlego, especialmente no ODS 12. Nesse ODS, podemos identificar várias metas diretamente associadas ao uso adequado de recursos pela Tecnologia da Informação (NAÇÕES UNIDAS NO BRASIL, 2015):

> 12.2 – Até 2030, alcançar gestão sustentável e uso eficiente dos recursos naturais
>
> 12.4 – Até 2020, alcançar o manejo ambientalmente adequado dos produtos químicos e de todos os resíduos, ao longo de todo o ciclo de vida destes, de acordo com os marcos internacionalmente acordados, e reduzir significativamente a liberação destes para o ar, água e solo, para minimizar seus impactos

> negativos sobre a saúde humana e o meio ambiente
>
> 12.5 – Até 2030, reduzir substancialmente a geração de resíduos por meio da prevenção, redução, reciclagem e reuso
>
> 12.6 – Incentivar as empresas, especialmente as empresas grandes e transnacionais, a adotar práticas sustentáveis e a integrar informações de sustentabilidade em seu ciclo de relatórios
>
> 12.7 – Promover práticas de compras públicas sustentáveis, de acordo com as políticas e prioridades nacionais

Mesmo antes de ter institucionalizado a adoção da Agenda 2030 e ter criado o Observatório do Futuro como forma de incentivar a perseguição de metas de desenvolvimento sustentável pelos seus jurisdicionados, o Tribunal de Contas do Estado de São Paulo já caminhava na direção da TI Verde. Ações como a implantação do Processo Eletrônico (e-TCESP), instituído pela Resolução nº 1/2011, promovem, dentre outros benefícios, uma significativa redução do uso do papel na tramitação dos processos finalísticos da Corte e, consequentemente, dos custos de armazenamento e transporte de documentos.

Seguindo esta mesma linha, já no ano de 2018, a Corte bandeirante passou a usar o meio eletrônico para tramitar os seus processos administrativos, por meio do Sistema Eletrônico de Informações (SEI!), abolindo o uso do papel para este fim.

O impacto verde não se dá só pela diminuição de uso de papel. Considera-se também a diminuição dos insumos de impressão, que vão de energia elétrica a tintas e toners. E não se limita ao TCESP: a redução de consumo impacta também na diminuição da produção e transporte destes.

Num mundo onde o crescimento tecnológico é exponencial, a produção e o descarte inadequado de lixo eletrônico atingem níveis alarmantes, a necessidade de estar conectado é permanente e o consumo de energia cresce a cada dia, a vigilância constante nessa área tornou-se essencial, tanto do ponto de vista ecológico quanto do financeiro.

Mas afinal, o que é a TI Verde? Trata-se de um conjunto de

políticas, práticas e estratégias aplicadas ao setor de TI que foca na produção, no consumo, no reaproveitamento e no descarte de recursos de tecnologia da informação de forma eficiente e limpa, a fim de minimizar o seu impacto ao meio ambiente (SALLES; PAULA; ALVES. 2013). Em resumo, TI Verde pode ser considerada como conjunto de práticas sustentáveis que deixam o uso da computação menos prejudicial ao meio ambiente.

Para que se possamos dimensionar o problema complexo de forma simples, é importante citar que o PNUMA – Programa das Nações Unidas para o Meio Ambiente da ONU noticiou que "em 2016, foram gerados 44,7 milhões de toneladas métricas de resíduos eletrônicos, um aumento de 8% na comparação com 2014. Especialistas preveem um crescimento de mais 17%, para 52,2 milhões de toneladas métricas, até 2021" (NAÇÕES UNIDAS BRASIL, 2019). Nesse contexto, a TI Verde parece ser parte imprescindível da solução do problema, trazendo à consciência práticas adotáveis para a redução dos impactos negativos à natureza.

3. O impacto da TI no meio ambiente

A Tecnologia da Informação é onipresente em nossa era. As tecnologias inovadoras e facilitadoras de ontem são rapidamente substituídas por outras ainda mais inovadoras e com mais recursos. Nesse cenário, o contínuo crescimento do uso de equipamentos de TI nos negócios e na vida das pessoas traz uma preocupação relacionada às questões socioambientais, ligadas especialmente ao seu mau uso e ao descarte de equipamentos eletrônicos.

Os dispositivos de computação para usuários finais, *datacenters* e sua infraestrutura, impressoras, sistemas operacionais, *softwares* e componentes básicos da área de TI dependem do consumo de energia elétrica. Em relação aos dispositivos para usuários finais, computadores de mesa consomem mais energia que *notebooks* e dispositivos móveis. Há ainda as impressoras, que são muito ineficientes no gerenciamento de energia e permanecem sempre ligadas, consumindo energia mesmo quando ociosas. Além disso, os insumos de impressoras, como toner ou tinta, se não forem corretamente descartados, podem trazer grandes danos ao meio ambiente. Sem falar do consumo de papel (LOPES; CARRERO, 2016).

Outro problema que começa a preocupar tanto as empresas quanto a sociedade é o descarte de equipamentos eletroeletrônicos obsoletos. Segundo o IDC (2019), em 2018 foram vendidos 5.575 milhões de computadores no Brasil, dos quais 3.920 milhões são notebooks. Uma preocupação com esses números é a destinação desses equipamentos em alguns anos. Boa parte deles utiliza substâncias tóxicas em sua fabricação, como chumbo e mercúrio, que podem contaminar o solo ou os lençóis freáticos. Incinerar todo esse lixo também não é uma boa saída, pois os gases eliminados na incineração são altamente tóxicos e cancerígenos.

Com a adoção de práticas de TI Verde esse impacto pode ser grandemente minimizado. Para se atingir esse objetivo, Brooks, Wang e Sarker (2010) classificaram a TI Verde em: (a) iniciativas que empregam a infraestrutura de TI na mudança de processos e/ou práticas organizacionais para melhorar a eficiência energética e reduzir os impactos ambientais; e (b) produtos de TI ambientalmente saudáveis. Desse modo, a TI Verde pode inserir estratégias ambientalmente favoráveis nas organizações, bem como introduzir produtos ambientalmente corretos no mercado.

Práticas nesse sentido, já adotadas na Administração Pública e no TCESP, serão o foco das próximas seções.

4. TI Verde na Administração Pública

Algumas "iniciativas verdes" com o uso da tecnologia sustentável no serviço público são dignas de nota. Uma delas é a *Iniciativa Green* (Gestor de Recursos Energéticos), criada por especialistas do Serviço Federal de Processamento de Dados (**Serpro**), que é um protótipo de solução livre que estimula o desenvolvimento sustentável no setor de tecnologia da informação (SERPRO, 2019).

O Green adapta o ambiente de acordo com o número de pessoas presentes e suas respectivas necessidades, por meio da implementação do conceito de "Internet das Coisas", ou seja, usando a capacidade de um sistema computacional reconhecer objetos ou padrões e adaptar seu comportamento.

Para seu funcionamento, sensores captam informações, como ausência, presença e o uso de equipamentos, que identificam estas situações e ligam ou desligam qualquer equipamento (lâmpadas, ares-condicionados, monitores e sistemas elétricos e eletrônicos). Por exemplo, o acionamento dos equipamentos ocorrerá somente em virtude de intervenção direta do usuário ou de eventos como a presença ou saída de um funcionário da estação de trabalho.

Outra ação de destaque aconteceu no Tribunal de Justiça Militar de Minas Gerais (TJM-MG). A construção da nova sede foi feita com material reciclado com a utilização de 1,13 tonelada de material de redes de cabeamento estruturado que retornou para reciclagem, reduzindo a extração de minério de cobre em 107.635 toneladas, bem como o consumo de 10.831 KWh, energia suficiente para abastecer 73 residências durante um mês (STM, 2016).

5. TI Verde no TCESP

E qual o envolvimento do TCESP neste cenário? O TCESP não passa alheio a essas práticas virtuosas. A Corte paulista, por meio do seu Departamento de Tecnologia da Informação (DTI), possui várias iniciativas para minimizar esses impactos.

Uma delas é o processo de descarte de equipamentos inservíveis, em parceria com a Diretoria de Materiais (DM). Todos são catalogados e aqueles que ainda podem ser utilizados para outros fins são doados. Além disso, aqueles que não se encaixam no cenário anterior têm suas peças ainda em bom estado retiradas para uso na manutenção de outros equipamentos, antes de serem descartados de forma seletiva e consciente. Essa ação é diretamente relacionada às metas 12.4 e 12.5[6], que tratam de tratamento adequado à resíduos potencialmente agressivos ao meio ambiente.

Outra iniciativa importante diz respeito aos processos de aquisição dos equipamentos novos, em que se exige comprovação de conformidade com a diretiva RoHS (*Restriction of the Use of Certains Hazardous Substances*), demonstrando que o equipamento em questão não é fabricado utilizando substâncias nocivas ao meio ambiente acima das quantidades permitidas, como chumbo (Pb), cádmio (Cd), mercúrio (Hg), cromo hexavalente (Hex-Cr), bifenilos polibromados (PBBs) e éteres difenil-polibromados (PBDEs). Essa prática já é adotada pelo DTI há mais de um ano e está totalmente alinhada com todas as metas do ODS 12, já citadas.

Além disso, o gasto ineficiente de energia elétrica dos aparelhos eletrônicos está diretamente relacionado ao aumento de emissão CO2 (BROOKS; SARKER; 2010). Ferreira e Kirinus (2011) observam que outras soluções que podem ser usadas para reduzir o consumo de energia, como a organização dos móveis para melhorar a circulação do ar nos datacenters. O TCESP tem implantado em suas dependências um datacenter que segue as mais atuais regras de sustentabilidade. Dentre os diversos benefícios ambientais alcançados, destacam-se a economia do consumo de energia, por meio da centralização do processamento de dados dos diversos sistemas da Corte, realizados nas lâminas de processamento instaladas nesta sala e a adequada distribuição dos racks de equipamentos, otimizando a circulação de ar dentro do ambiente. Além disso, a entrada e saída de pessoas nessa sala é controlada, evitando perda de eficiência de refrigeração. Desta forma, realizando processamentos em equipamento adequado em um ambiente com temperatura e energia controlada acaba resultando em um melhor rendimento e, consequentemente, num menor consumo de energia.

O TCESP também utiliza solução de virtualização em seu ambiente de datacenter. Virtualização é uma solução que permite que um único servidor físico com grande poder de processamento abrigue a instalação de vários servidores virtuais, evitando a necessidade de aquisição de várias máquinas de menor capacidade. Em um datacenter com dezenas ou centenas de servidores, os equipamentos físicos podem permanecer ociosos por considerável período de tempo, usando eletricidade e refrigeração dos sistemas. A virtualização aproveita esses recursos, aumentando o compartilhamento do servidor físico, melhorando a distribuição e a eficiência de sua utilização, reduzindo assim o custo de energia. Além de permitir melhor gerenciamento dos recursos, a virtualização promove a diminuição do lixo eletrônico gerado por ocasião da obsolescência dos equipamentos.

O cuidado também se dá no tempo de vida dos equipamentos servidores. Ao invés de simples descarte por perda de performance, os equipamentos mais antigos são reaproveitados em outras funções – como guarda de arquivos de segurança, testes, homologação, monitoração, retardando e reduzindo a produção de lixo eletrônico ao mesmo tempo em que se preservam os investimentos.

Por fim, podemos destacar medidas mais simples, mas eficazes, adotadas na Corte, como:

- a instalação de *script* que coloca os computadores e monitores em "*stand by*" devido à falta de atividade no equipamento e o uso de acesso remoto no atendimento dos chamados de TI.
- Uso de atendimento remoto, evitando o deslocamento dos técnicos pelos elevadores;
- Uso de e-mail e serviços de mensagem (Pidgin) como principal meio de comunicação, evitando a impressão de papel;
- Solicitar que todo o material de cursos seja entregue em meio eletrônico.

6. Conclusão

Muito ainda há para ser feito no sentido de aperfeiçoar o uso dos recursos de TI em prol do meio ambiente. Medidas como o uso de computação em nuvem com a contratação provedores de serviços reconhecidamente atentos ao consumo consciente, utilização de infraestrutura e de sistemas como serviços (IaaS, SaaS) e regulação do uso de energia por meio da tecnologia podem mostrar-se eficientes, simples de se implementar e trazerem a valorização de suas marcas por meio do chamado "marketing verde".

O DTI continua buscando soluções sustentáveis, como o estudo para adoção do modelo de computação em nuvem, para alguns serviços menos críticos, de grande demanda. Segundo Richter (2012), a computação em nuvem apresenta-se um "meio eficaz de TI Verde e prática sustentável para adaptação das corporações frente às necessidades de preservação ambiental e dos recursos disponíveis". Nesse cenário, o TCESP precisaria utilizar apenas uma pequena infraestrutura e redes de comunicação de dados, enquanto os fornecedores do serviço de nuvem deveriam fornecer os demais recursos de hardware e software (WESTPHALL; VILLAREAL, 2013).

Todavia, o importante é que as instituições, públicas e privadas, observem e cultivem a consciência ambiental em suas operações, de forma a garantir um futuro digno às próximas gerações.

7. Referências Bibliográficas

BRASIL. MINISTÉRIO DO MEIO AMBIENTE. . **Uso Racional dos Recursos.** Disponível em: <http://www.mma.gov.br/responsabilidade-socioambiental/a3p/eixos-tematicos/uso-racional-do-recursos.html>. Acesso em: 30 maio 2019.

BROOKS, S.; WANG, X.; SARKER, S. **Unpacking Green IT**: A Review of the Existing Literature. In: Americas Conference on Information Systems (AMCIS), AMCIS 2010 Proceedings. Lima, Peru, p.1-10, 2010.

CAVALCANTE, V. M. R. M.; ARAÚJO, B. D. L. de; MENEZES, J. W. M. **TI Verde: estudo de caso e propostas de práticas sustentáveis no IFCE**. In: ENCONTRO DE INICIAÇÃO CIENTÍFICA DAS FACULDADES INTEGRADAS ANTONIO EUFRÁSIO DE TOLEDO, 7., 2015, Presidente Prudente. Anais... Presidente Prudente, 2015.

FERREIRA, A. P; KIRINUS, J. B. **A implantação de uma**

política de TI verde em uma empresa de sistemas elétricos. In: SIMPÓSIO DE ENSINO PESQUISA E EXTENSÃO, 15., 2011, Santa Maria. Anais... Santa Maria, 2011.

GRAEME, P. **A green ICT framework**: understanding and measuring green ICT. Sydney: Connection Research, 2010.

IDC. **Mercado de PCs mantém crescimento em 2018, segundo a IDC Brasil.** 2019. Disponível em: <http://br.id-clatin.com/releases/news.aspx?id=2481>. Acesso em: 30 maio 2019.

ITWEB. **Projetos de TI verde estão entre prioridades, diz Gartner**. Itweb. 2009. Disponível em: http://www.itweb.com.br/noticias/index.asp?cod=56910. Acessado em: 01/05/2009.

LOPES, Ney da Silva; CARRERO, Marcos Aurélio. **Boas práticas da TI Verde adotadas pelas empresas como forma de uso eficiente dos recursos energéticos**. Caderno Paic, Curitiba, v. 17, n. 1, p.683-697, jan. 2016. Disponível em: <https://cadernopaic.fae.emnuvens.com.br/cadernopaic/article/view/237/198>. Acesso em: 30 maio 2019.

LUNARDI, Guilherme Lerch; SIMÕES, Renata; FRIO, Ricardo Saraiva. **TI Verde: uma análise dos principais benefícios e práticas utilizadas pelas organizações. Revista Eletrônica de Administração**, Porto Alegre, v. 1, n. 77, p.1-30, jan. 2014. Quadrimestral. Disponível em: <http://repositorio.furg.br/handle/1/5287>. Acesso em: 30 maio 2019.

NAÇÕES UNIDAS NO BRASIL. **Transformando Nosso Mundo: A Agenda 2030 para o Desenvolvimento Sustentável.** 2015. Disponível em: <https://nacoesunidas.org/pos2015/ods4/>. Acesso em: 20 nov. 2018.

NAÇÕES UNIDAS BRASIL. **Lixo eletrônico representa 'crescente risco' ao meio ambiente e à saúde humana, diz relatório da ONU.** Disponível em: <https://nacoesunidas.org/lixo-eletronico-representa-crescente-risco-ao-meio ambiente-e-a-saude-humana-diz-relatorio-da-onu/>. Acesso em: 30 maio 2019.

RICHTER, R. M. **TI Verde: sustentabilidade por meio da computação em nuvem**. 2012. Disponível em: <http://www.portal.cps.sp.gov.br/pos-graduacao/workshop-de-

pos-graduacao-e-pesquisa/007-workshop-2012/workshop/trabalhos/desenvgestti/ti-verde-sustentabilidade.pdf>. Acesso em: 12 jun. 2016.

SALLES, Ana Carolina; PAULA, Ana; ALVES, Ferreira. **Tecnologia da Informação Verde:** Um Estudo sobre sua Adoção nas Organizações Green Information Technology: A Study of its Adoption in Organizations. p. 41–63, 2016.

SERPRO. **TI Verde - O futuro da gestão de energia na informática.** Disponível em: <http://intra.serpro.gov.br/tema/noticias-tema/ti-verde-o-futuro-da-gestao-de-energia-na-informatica>. Acesso em: 30 maio 2019.

STM. **Ações de sustentabilidade nos tribunais dão exemplo de criatividade e economizam recursos públicos.** 2016. Disponível em: <https://www.stm.jus.br/informacao/agencia-de-noticias/item/6315-acoes-de-sustentabilidade-nos-tribunais-dao-exemplo-de-criatividade-e-economizam-recursos-publicos>. Acesso em: 30 maio 2019.

THIBODEAU, P. Gartner's Top 10 Strategic Technologies for 2008. Computerworld, 2007.

WESTPHALL, C. B.; VILLAREAL, S. R. **Princípios e tendências em green cloud computing**. Revista Eletrônica de Sistemas de Informação, v. 12, n. 1, jan./maio. 2013.

QUE TIPO DE LÍDER VOCÊ É?

Artigo publicado no Diário Oficial do Estado de São Paulo, Caderno Legislativo, em 16/07/2020.

Liderança. Uma palavra que sempre foi muito debatida e que agora, em função da pandemia, volta com força. A liderança em tempos de crise se torna ainda mais relevante para o sucesso de uma empresa, de uma instituição, de um governo. Mas qual é o estilo de liderança mais adequado para este momento?

Douglas McGregor, em seu livro de 1960 *The Human Side of Enterprise*, já dividia os estilos de liderança em dois, que denominou Teoria X e Teoria Y. O estilo de liderança da Teoria

X é aquele no qual os líderes oferecem incentivos ou punições para os liderados, em função do atingimento ou não das metas e atividades. Ademais, a liderança da teoria X é aquela que monitora constantemente as pessoas, pois acreditam que só assim o trabalho será realizado a contento. Por outro lado, o estilo do líder da Teoria Y é baseado na ideia de que as pessoas querem contribuir e são automotivadas para realizarem um bom trabalho. O líder da teoria Y é aquele que inspira a equipe para que o trabalho seja bem feito, não porque irão receber um prêmio, mas fornecendo os meios, capacitando-os e dando liberdade e autoridade, ou seja, confiança.

Robert R. Blake e Jane S Mouton (O Grid Gerencial III, 1989) definiram o chamado Grid Gerencial, que pode ser resumido como os vários modos de usar autoridade ao exercer a liderança. **A preocupação com a produção, a obtenção de resultados**, é uma das dimensões do Grid. A segunda dimensão é a **preocupação com as pessoas** – subordinados e colegas. "Preocupação com" não é um termo mecânico que indique o volume da produção real alcançada ou o comportamento real com relação às pessoas. Ao contrário, ela indica o caráter e a força dos pressupostos presentes na base de qualquer tipo indicado de estilo de liderança. A principal questão abordada no Grid é que, quando se trata de liderança, os líderes devem se concentrar em realizar o trabalho ou atender as pessoas? Os líderes focados em tarefas se concentram em realizar o trabalho, atingir os objetivos de desempenho e serem produtivos. Por outro lado, os líderes focados nas pessoas se preocupam com o bem-estar da equipe e com a construção de relacionamentos de confiança.

Com essas premissas, o grid gerencial acaba tendo 5 perfis de liderança. O **Líder Autoritário** é aquele líder que se preocupa somente com a execução das tarefas, negligenciando as necessidades das pessoas. Com isso, as pessoas se sentem desvalorizadas e o controle da equipe é totalmente baseado em ordens e controle. O **Líder Fraco** é o líder cuja única preocupação é fazer o mínimo para se manter na posição atual. Não se dedica à execução das tarefas e não se preocupa com as pessoas. Há também o **Líder de Clube Social** que seria aquele que se preocupa quase que exclusivamente em manter um ambiente agradável e um bom relacionamento com a equipe, sacrificando, até mesmo, os resultados e a execução das tarefas. O **Líder de equipe** integra as preocupações com as metas/resultados e as pessoas. É uma abordagem de equipe, centrada nas metas, que procura obter o melhor resultado possível por meio da participação e envolvimento de todos aqueles que podem colaborar. Por fim, **Líder com bom senso** representaria o "meio-termo", ou seja, o equilíbrio entre a execução de tarefas e metas e preocupação com as pessoas.

Mas qual estilo é o melhor? À primeira vista, poderíamos deduzir que o Líder de Equipe seria o modelo a ser alcançado. Mas, infelizmente, muitos de nós temos a tendência de sermos líderes intermediários. Assim, talvez o líder com bom senso seja uma excelente opção. Acontece que não há uma fórmula perfeita, uma panaceia que sirva para todas as empresas e ocasiões.

Kenneth H. Blanchard e Paul Hersey (Psicologia Para Administradores: a teoria e as técnicas da liderança situacional, 1992) perceberam que, como organizações e empresas enfrentam diferentes desafios e situações mudam, os líderes precisam se adaptar para responder adequadamente à nova realidade. Os autores criaram, então, o **Modelo de Liderança Situacional**. De acordo com esse modelo, os líderes devem adaptar seu estilo ao nível de maturidade da equipe. Se uma equipe não está pronta para executar uma tarefa, os líderes então precisam ser mais diligentes (mais parecidos com o líder autoritário de Black e Mouton). Por outro lado, se a equipe está mais preparada para a execução de uma meta, os líderes podem agir mais como facilitadores, dando apoio e orientação. E se a equipe estiver madura o suficiente, o líder poderia delegar mais, pois a equipe dá conta do recado. A **liderança situacional, portanto,** é o resultado da relação entre estilo do líder, a maturidade do liderado e situação encontrada. Parte da premissa de que não há um estilo de liderança adequado para todas as situações.

Como já disse, não há uma fórmula mágica. O aprendizado deve ser constante. O importante é que um líder saiba conduzir a equipe para atingir o melhor resultado possível com os recursos disponíveis. Esse sim, é o verdadeiro líder. E é o líder que precisamos ter na nossa empresa e, neste momento, no nosso país.

QUAL A SUA MOTIVAÇÃO?

Artigo publicado no Linkedin - www.linkedin.com/in/fabiocor-reaxavier

Quais são as motivações que nos fazem seguir em frente, acordar toda manhã e trabalhar, com comprometimento, entregando qualidade e tendo satisfação pessoal?

Há diversas teorias sobre motivação. Uma das mais conhecidas é a teoria de motivação de Abraham H. Maslow (1960), que classifica as necessidades humanas em hierarquia, frequentemente representada por uma pirâmide, a Pirâmide de Maslow. Segundo essa teoria, os seres humanos estão sempre buscando satisfazer suas necessidades pessoais e profissionais, partindo das mais básicas para as mais complexas.

Ou seja, uma vez satisfeita uma necessidade mais básica, que está na base da pirâmide, o ser humano busca satisfazer o próximo nível hierárquico das necessidades e assim sucessivamente.

Dessa forma, Maslow definiu cinco níveis hierárquicos. O nível mais baixo é o das **necessidades físicas**, atreladas à própria sobrevivência do ser humano, como respiração e alimentação. O próximo nível trata da necessidade de **segurança**, de sentir-se seguro, estável, protegido fisicamente e confortável. No terceiro nível, por sua vez, encontram-se as **necessidades sociais**, de relacionamento com família, amigos e no trabalho. Já no quarto nível aparecem as necessidades de **autoestima**: as pessoas em busca de meios que as tornem reconhecidas e valorizadas. Finalmente, no quinto nível, aparece o desejo de **autorrealização**, de buscar sonhos, ter independência, superação.

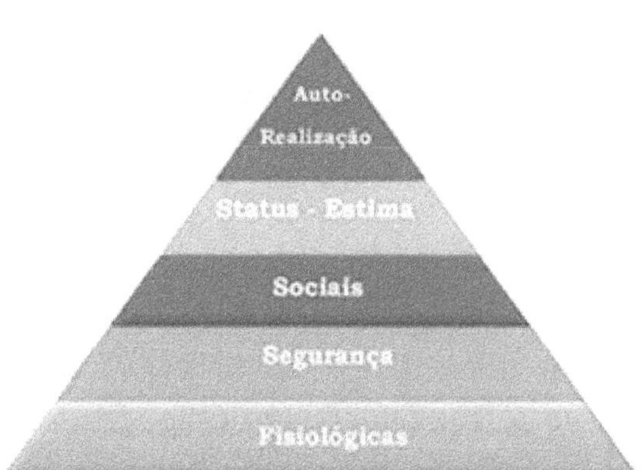

Pirâmide de Maslow: Hierarquia das necessidades humanas.
Imagem do site http://www.sobreadministracao.com/a-piramide-hierarquia-de-necessidades-de-maslow/

Hesketh e Costa (Construção de um instrumento para medição de satisfação no trabalho, 1980) afirmaram que Pirâmide de Maslow tem aplicação na gestão de pessoas, pois permitiria trabalhar a motivação da equipe de acordo com os níveis hierárquicos apresentados. Contudo, essa teoria também recebe várias críticas principalmente quanto à rigidez da divisão das necessidades em camadas.

Outra teoria, a qual divide as motivações em intrínsecas e extrínsecas, assevera que a motivação intrínseca é aquela relacionada ao desejo do indivíduo, impulsionada por recompensas internas, como uma sensação de satisfação, realização ou tornar o mundo um lugar melhor. Esse tipo de motivação varia de pessoa para pessoa, justamente por ser intrínseca, interna ao indivíduo. A motivação extrínseca, a seu turno, é aquela relacionada a recompensas externas, como dinheiro, recursos ou ganho material. Vansteenkiste, Simons, Lens, Sheldon, and Deci (Motivating learning, performance, and persistence, 2004) compararam a motivação intrínseca com a extrínseca e chegaram à conclusão de que a primeira tem um efeito mais duradouro. Muitos líderes acreditem que podem motivar a equipe apostando mais fichas na motivação extrínseca, como bônus e prêmios. Esse tipo de ação, no entanto, tem um tempo de validade muito curto.

As pessoas tendem a se acostumar com um aumento de salário, um carro novo, um novo cargo e a motivação inicial por essas conquistas acaba se esvaindo. Seria melhor tentar entender o que cada pessoa valoriza intrinsicamente e investir nesse tipo de motivação.

E a felicidade, pode ajudar na motivação? Cynthia Fisher (Happiness at Work, 2010) pesquisou o tema "Felicidade no trabalho" e chegou à conclusão de que, no local de trabalho, a felicidade é influenciada por eventos de curta duração e condições como a tarefa a ser realizada e a percepção de que a pessoa está agregando valor à empresa. A felicidade também é influenciada por características inerentes ao indivíduo, como sua personalidade, bem como se o que o trabalho atende as expectativas, necessidades e preferências da pessoa. Fisher também concluiu, como podemos imaginar, que uma pessoa feliz produz mais e melhor. Portanto, um trabalhador feliz é um trabalhador motivado. Ainda mais neste momento em que as relações de emprego estão mudando e que o teletrabalho ganhou força, a felicidade pode ser o catalisador para que a produtividade não caia.

Igualmente, segundo uma pesquisa feita por Danner, Snowdon e Friesen (Positive emotions in early life and longevity: findings from the nun study, 2001), pessoas felizes vivem mais.

Fato é que a felicidade é contagiante. Dessa forma, líderes felizes acabam contagiando o ambiente de trabalho e é provável que seja a cola que retém e motiva a funcionários de alta qualidade. Então, para começar a motivar a equipe, que tal começar exercitando a sua própria felicidade?

Referências Bibliográficas

Danner DD, Snowdon DA, Friesen WV. **Positive emotions in early life and longevity:** findings from the nun study. J Pers Soc Psychol. 2001.

FISHER, Cynthia D.. **Happiness at Work**. International Journal Of Management Reviews. p. 384-412. dez. 2010. Disponível em: https://gelukkigwerken.nl/wp-content/uploads/2018/07/FisherHappinessatWorkreview.pdf. Acesso em: 18 jul. 2020.

HESKETH, José Luiz; COSTA, Maria T. P. M.. **Construção de um instrumento para medição de satisfação no trabalho**. Revista de Administração de Empresa, Rio de Janeiro, p. 59-68, jul./set. 1980. Disponível em: https://www.scielo.br/pdf/rae/v20n3/v20n3a05. Acesso em: 18 jul. 2020.

VANSTEENKISTE, M., SIMONS, J., LENS, W., SHELDON, K. M., & DECI, E. L. **Motivating learning, performance, and persistence**: The synergistic role of intrinsic goals and autonomy-support. Journal of Personality and Social Psycholog. 2004.

DESAFIOS PARA UMA CULTURA DE INOVAÇÃO NO SETOR PÚBLICO

Artigo publicado no Banco de Artigos do Instituto Rui Barbosa, em 17/07/2020: https://irbcontas.org.br/artigo/desafios-para-uma-cultura-de-inovacao-no-setor-publico/

O Setor Público, especialmente o Brasileiro, ainda tem um grande caminho a percorrer de modo a implantar uma cultura de inovação que permita transformar a qualidade dos serviços públicos. Há algumas iniciativas louváveis por parte de alguns órgãos, mas de uma maneira geral a estrada ainda é longa e tortuosa.

Para que uma transformação digital seja realmente aplicável, é necessário desenvolver conhecimento sobre o que seria uma inovação de sucesso; ademais, seria preciso delimitar desafios ou gargalos do setor público para os quais tal inovação se endereçaria.

Em discussões feitas no âmbito[11] da OCDE (*Organisation for Economic Co-operation and Development*), foi possível identificar alguns desafios para que a inovação seja uma realidade perfeitamente integrada ao setor público:

Análise e Medição: é necessária uma estrutura e ferramentas apropriadas para medir adequadamente o nível de inovação do setor público, como já existe no setor privado. E isso não deve focar somente em monitoramento e custo, como é frequentemente feito. Mais que isso, é necessário definir indicadores capazes de mostrar os processos de inovação e o reflexo disso na melhoria da qualidade dos serviços públicos prestados.

Barreiras Estruturais: o setor público possui regras e estruturas rígidas, altamente hierarquizadas, que colocam uma série de barreiras à cultura de inovação. Essa característica acaba limitando o fluxo de informação, fundamental para um ambiente altamente criativo. Há também regulações e processos formais que acabam restringindo a criatividade e também o medo de errar. Errar é parte do processo de inovar, mas no setor público, em função da limitação orçamentária, o erro pode significar o fim de um projeto promissor. Segundo a OCDE, "um dos principais desafios é entender como as estruturas, processos e competências organizacionais devem ser adaptados para projetar, monitorar, implementar inovações do setor público e fazê-las funcionar eficientemente."

Barreiras Culturais: como Christian Bason afirma em seu livro *Leading Public Sector Innovation: Co-creating for a Better Society*[12], "a natureza disruptiva da inovação parece estar em desacordo com o papel fundamental das instituições governamentais de reduzir a incerteza e garantir a estabilidade". Essa situação acaba por aprofundar a cultura de aversão ao risco, o famoso "sempre foi feito assim". Inovação é, por natureza, fazer algo diferente, assumir risco, sempre visando fazer o que sempre foi feito de um jeito de uma maneira melhor. Assim, é importante criar mecanismos de gerenciamento de riscos e incentivar a inovação de forma a melhorar a qualidade dos serviços públicos.

Ainda há muito a ser alcançado. Mas o trabalho já começou a feito, ainda que de forma tímida. No entanto, a pandemia e o isolamento social possuem potencial de mudar muito o cenário do mercado, inclusive o setor público. Inovação será a chave para um futuro melhor.

OS PILARES DA TRANSFORMAÇÃO DIGITAL

Artigo publicado no Linkedin: www.linkedin.com/in/fabiocorreaxavier

Transformação Digital tem sido uma expressão muito corriqueira nos últimos anos e, mais ainda, neste período de pandemia. Mas o que é essa transformação digital e como chegamos à ela?

A Transformação Digital como vemos hoje só é possível por três principais motivos que discutimos brevemente neste artigo.

1. Progresso Exponencial da Tecnologia

A tecnologia tem progredido de forma exponencial nas últimas décadas. Podemos sintetizar essa afirmação em três leis que tratam dos aspectos fundamentais para o gerenciamento de informações digitais: o processamento, a capacidade de transmissão de dados e o armazenamento.

.Lei de Moore: Gordon Earl Moore, um dos fundadores da Intel, formulou um conceito sobre a capacidade de processamento.

Popularmente, a Lei de Moore diz que a cada 18 meses a capacidade de processamento dos computadores dobra.

Na verdade, a formulação original é que dado um determinado chip de silício, a cada 18 meses é possível dobrar a quantidade de transistores nesse mesmo chip. Fato é que novas tecnologias como computação quântica ainda fazem essa lei ser cada vez mais verdadeira.

.Lei de Butters: Gerry Butter, um engenheiro da Bell Lab's, postulou a segunda lei sobre os aspectos fundamentais no gerenciamento de informações, conhecida por Lei de Butters.

A Lei de Butters diz que a quantidade de dados transmitido por meio de uma fibra óptica dobra a cada nove meses.

Esse conceito pode ser extrapolado para as demais tecnologias de transmissão, com a rede de dados móvel.

.Lei de Kryder: Mark Kryder que foi vice-presidente de pesquisa e CTO da Seagate postulou a terceira lei, chamada de lei de Kryder. Essa lei trata sobre a capacidade de armazenamento de dados.

A Lei de Kryder diz que a quantidade de dados armazenados por centímetro quadrado dobra a cada 13 meses.

Esse ritmo de crescimento pode ser visto até o fim da década de noventa e início dos anos dois mil. Atualmente, o tempo para dobrar é de 16 ou 17 meses, mas ainda continua exponencial.

2. Redução do custo da tecnologia

Obviamente, as leis citadas anteriormente descrevem o

potencial teórico da tecnologia.

No entanto, a medida que as novas tecnologias se tornam mais populares, o custo final para o consumidor se torna mais e mais barato.

Com isso, as empresas, principalmente startups, conseguem aplicar novas tecnologias, sem ter o seu custo operacional aumentado significativamente.

3. Lacuna entre a entrega de valor e o potencial tecnológico

Os seres humanos tendem a pensar de forma linear. É mais fácil entender e acompanhar o crescimento linear do que o crescimento exponencial experimentado pela tecnologia. Com isso, as pessoas e empresas acabam subestimando ou mesmo não percebendo o impacto da tecnologia digital nos negócios tradicionais. Essa cegueira tecnoempresarial cria uma grande lacuna entre o valor real entregue pelas empresas e o que a tecnologia poderia proporcionar. Exemplos claros são a Kodak ou Blockbuster, que foram engolidas pela fotografia digital e pelo serviço de streaming, respectivamente.

E o que acontece com a lacuna?

As empresas startups, mais ágeis e com foco na tecnologia, acabam preenchendo e lançando produtos e serviços inovadores e disruptivos, mudando até mesmo a forma de se fazer negócio em determinados ramos.

Neste cenário, empresas como Uber, Airbnb, iFood e fintechs preencheram a lacuna e revolucionaram os serviços nos seus respectivos mercados.

Claro que há outros motivadores para a transformação digital e tudo isso acaba por mudar a cadeia de valor dos negócios, passando do modelo vertical fortemente acoplado e dependente, para um modelo em camadas, que permite a inserção de empresas com serviços inovadores utilizando parte da cadeia de valor de outras empresas. Mas falarei sobre isso em breve, em outro artigo.

4. Referências

Engineering "Laws" – Moore's, Rock's, Butter's and others. Disponível em: https://sourcetech411.com/amp/engineering-laws-moores-rocks-butters-and-others/. Acesso em: 07 jul. de 2020.

O que é a Lei de Moore?. Disponível em https://www.tecmundo.com.br/curiosidade/701-o-que-e-a-lei-de-moore-.htm. Acesso em: 07 jul. de 2020.

INTELIGÊNCIA ARTIFICIAL: FUNDAMENTOS, PILARES E APLICAÇÃO NO SETOR PÚBLICO

Artigo publicado pela MIT Technology Review Brasil, em 29/09/2020: https://mittechreview.com.br/fundamentos-pilares-e-aplicacoes-da-inteligencia-artificial-no-setor-publico/

Inteligência Artificial (IA) é um dos assuntos mais abordados quando se fala em tecnologias disruptivas, principalmente quanto ao seu potencial para resolver diversos problemas da atualidade. Mas quando pensamos em IA, difícil não se lembrar de filmes como AI, Eu, Robô, Blade Runner, Ex-Machina, a série russa Better than us e até a Skynet de Exterminador do Futuro. Mas a realidade não é tão ruim como o cinema costuma retratar. Particularmente, o primeiro caso de sucesso do uso de IA do qual me lembro foi um simples jogo de xadrez, no qual o Deep Blue, um computador da IBM, derrotou Garry Kasparov, campeão mundial e ainda considerado por muitos o melhor enxadrista de todos os tempos. Na verdade, o algoritmo usado pelo Deep Blue não era tão complexo. Era uma variação de uma algoritmo proposto pelo matemático Claude Chanon em seu artigo "XXII. Programming a Computer for Playing Chess" de 1950, que avaliava todos os movimentos possíveis e as possíveis respostas dos oponentes, de forma contínua repetitiva. Isso claro, era limitado pela velocidade de processamento e pelo tempo disponível para o próximo movimento. Ou seja, se a capacidade de processamento fosse maior, aumentava-se a quantidade de análises feitas pelo algoritmo do Deep Blue e, consequentemente, suas chances de vitória. Essa foi a diferença para o jogo de 1996, quando Deep Blue perdeu, e o de 1997, ano da vitória da máquina. O poder de processamento praticamente tinha dobrado de um ano para outro.

1. Definição e pilares da IA

Em uma definição simplista, IA seria um sistema capaz de apresentar traços da inteligência humana, como raciocinar, aprender com a experiência ou interagir com humanos em linguagem natural. Uma ótima definição foi dada por Mariana de Siqueira em seu artigo "A inteligência artificial no judiciário brasileiro", transcrita abaixo:

"IAs são instrumentos tecnológicos peculiares de to-

> mada de decisão, estruturados a partir de base de dados e de aprendizado de máquina e que demandam a existência de hardware, software, processamento de linguagem natural e de algoritmo para que funcionem."

Importante destacar que o poder de processamento por si só não é suficiente para criar uma solução de Inteligência Artificial. São necessários pelo menos dois outros ingredientes: informações abundantes e o algoritmo adequado. Para que a IA seja realmente efetiva, precisamos de uma maneira de capturar e acumular informações sobre o problema com o qual a inteligência artificial está interagindo. Aí entram como fortes aliados o Big Data, informações estruturadas e não-estruturadas, Internet, dados proprietários. Além do poder de processamento e informações, precisamos encontrar os algoritmos e técnicas corretas para processar as informações de entrada, a fim de construir o resultado certo. Esta é a parte mais complexa de uma solução de IA efetiva.

2. Tipos de IA e o dilema ético

Há que se diferenciar os dois tipos de IA: IA restrita (ou fraca) e a IA geral (ou forte).

A IA restrita é quando um sistema exibe traços de inteligência semelhantes a humanos em **um campo ou tarefa específica**. Um *chatbot*, por exemplo, que pode responder perguntas sobre determinado assunto para o qual foi treinado, seria um bom exemplo.

Geralmente, a IA geral é o que nós vemos nos filmes, um sistema completo, praticamente indistinguível de um ser humano. Infelizmente (ou não) ainda não é possível criar uma IA geral, como aquele menino do filme IA, David Swinton, Arisa, de Better than us ou os replicantes do filme Blade Runner. Embora Alan Turing já tenha pensado em uma IA Geral quando criou o chamado Teste de Turing para verificar a capacidade de uma máquina ter um comportamento inteligente equivalente a um ser humano, a ponto de ser indistinguível de um ser humano real, existem questões éticas que ainda precisam ser tratadas. Por exemplo, imagine um carro autônomo, que use IA na condução segura. Esse carro pode ter que tomar decisões complexas que envolvem escolher quem deve viver. Ele pode ter que decidir entre preservar a vida de seu dono ou de uma criança que está atravessando a rua inadvertidamente atrás de uma bola. Que decisão deve ser tomada? Sacrificar o motorista, desviando da criança e batendo em um muro, ou sacrificar a criança e preservar o dono do carro? Essa situação é conhecida como o "dilema ético dos carros autônomos" e é constantemente debatida. Creio que nem as famosas "Três Leis da Robótica" de Isaac Asimov, elaboradas há mais de 50 anos, teriam como ajudar nesse dilema.

Dora Kaufman explica em seu artigo "A ética e a inteligência artificial" que a questão ética é uma preocupação constante e alguns estudiosos sugerem a criação de um conselho global de ética digital para tratar o assunto. Outra questão interessante, segundo Kaufman, foi colocada pelo filósofo americano Ned Block, transcrita a seguir:

> "se as máquinas aprendem com o comportamento humano, e esse nem sempre está alinhado com valores éticos, como prever o que elas farão?"

Esse fato pôde ser observado com o *chatbot* Tay da Microsoft que, em menos de 24 horas, se transformou de um inocente amigo virtual de adolescentes para um defensor nazista de sexo incestuoso, comportamento adquirido pela interação com os jovens. Talvez, o uso da **Teoria da Disponibilidade** explicada em um artigo da MIT Technology Review possa ajudar a resolver esse problema.

3. IA no Setor Público

O tema IA tem ganhado extrema relevância também no setor público, no qual várias implementações tem sido discutidas para agilizar a engessada máquina administrativa. O Governo Federal, inclusive, fez uma consulta pública sobre a Estratégia Brasileira de Inteligência Artificial e sua aplicação no setor público. A consulta recebeu várias contribuições em relação a pontos como benefícios do uso de IA em órgãos públicos, áreas prioritárias, uso de IA para ajuda na tomada de decisão, e questões éticas.

Se por um lado há ainda grandes obstáculos para chegarmos à criação de uma IA geral, por outro lado os especialistas estão cada vez melhores em criar soluções que utilizam a IA restrita, principalmente porque já temos poder de processamento suficiente, muitos dados disponíveis e, por último, mas não menos importante, o conjunto certo de técnicas e algoritmos.

Fato é que hoje há muitas soluções de IA restrita em uso em várias empresas e também em órgãos públicos. Nos órgãos de controle, a matéria do Instituto Rui Barbosa cita alguns exemplos na matéria "Uso de robôs pelos Tribunais de Contas", como o chatbot de atendimento do TCESP e o Zello do TCU. Na página da consulta pública sobre IA há vários outros exemplos de uso de IA em órgãos públicos, como os robôs Alice, Monica e Sofia do TCU; Bem-te-vi do TST; Victor do STF; Elis do TJPE. Paula Soprana afirma em seu artigo que a interação com robôs durante a pandemia cresceu até 200% e isso também aconteceu no setor público, onde a digitalização de serviços acabou sendo impulsionada em órgãos como o Poupatempo e o Governo Federal, com sua plataforma Gov.br.

Uma iniciativa digna de nota é que no âmbito do Comitê de Tecnologia, Governança e Segurança da Informação dos Tribunais de Contas foi criado um grupo de trabalho específico para tratar do tema Inteligência Artificial. O objetivo desse grupo de trabalho é identificar oportunidades de uso da IA e compartilhar soluções que já estejam em uso, como já vem acontecendo com o robô Alice do TCU/CGU, que já está em uso em vários Tribunais de Contas estaduais.

O caminho é longo, mas bastante promissor. E a junção de forças e compartilhamento de soluções e ideias é uma ótima iniciativa que em breve dará muitos frutos.

4. Referências Bibliográficas

INSTITUTO RUI BARBOSA. **Uso de robôs pelos Tribunais de Contas**. 2020. Disponível em: https://irbcontas.org.br/uso-de-robos-pelos-tribunais-de-contas/. Acesso em: 01 ago. 2020.

KAUFMAN, Dora. A ética e a inteligência artificial. **Valor Econômico**, dez. 2017. Disponível em: https://valor.globo.com/eu-e/noticia/2017/12/21/a-etica-e-a-inteligencia-artificial.ghtml. Acesso em: 01 ago. 2020.

LEMOS, Ronaldo. Nova Inteligência Artificial é espantosa. **Folha de S. Paulo.** São Paulo. 09 ago. 2020. Disponível em: https://www1.folha.uol.com.br/colunas/ronaldolemos/2020/08/nova-inteligencia-artificial-e-espantosa.shtml. Acesso em: 12 ago. 2020.

REVIEW, Mit Technology. **Um conceito em psicologia está ajudando a Inteligência Artificial a operar melhor em nosso mundo**. 2020. Disponível em: https://mittechreview.com.br/um-conceito-em-psicologia-esta-ajudando-a-inteligencia-artificial-a-operar-melhor-em-nosso-mundo/. Acesso em: 12 ago. 2020.

SHANNON, C. E.. XXII. **Programming a Computer for Playing Chess**. *Philosophical Magazine* **41**, 256 (1950). Disponível em: https://vision.unipv.it/IA1/aa2009-2010/ProgrammingaComputerforPlayingChess.pdf. Acesso em: 01 ago. 2020.

SIQUEIRA, Mariana de. **A inteligência artificial no Judiciário brasileiro**. 2020. Disponível em: https://www.jota.info/coberturas-especiais/inova-e-acao/a-inteligencia-artificial-no-judiciario-brasileiro-28072020?utm_source=JOTA+Full+List&utm_campaign=7a96fbfa7c-EMAIL_CAMPAIGN_2019_03_29_08_43_COPY_04&utm_medium=email&utm_term=0_5e71fd639b-7a96fbfa7c-381263053. Acesso em: 01 ago. 2020.

SOPRANA, Paula. Interação com robôs sobe até 200% durante a pandemia de coronavírus. **Folha de S. Paulo.** São Paulo. 08 ago. 2020. Disponível em: https://www1.folha.uol.com.br/mercado/2020/08/interacao-com-robos-sobe-ate-200-durante-a-pandemia.shtml. Acesso em: 12 ago. 2020.

TURING, A. M.. **Computing Machinery and Intelligence**. 1950. Disponível em: https://web.archive.org/web/20141225215806/http://orium.pw/paper/turingai.pdfhttps://web.archive.org/web/20141225215806/http://orium.pw/paper/turingai.pdf. Acesso em: 02 ago. 2020.

SEGURANÇA DIGITAL: RESPONSABILIDADE DE TODOS

Publicado no Diário Oficial do Estado de São Paulo, Caderno Legislativo, p. 175 - 175, em 07/11/2020

Confidencialidade. Integridade. Disponibilidade. Esses são pilares que a segurança da informação deve manter em relação aos dados, sistemas e infraestrutura tecnológica. Confidencialidade é garantir que a informação estará disponível somente para quem dela deve fazer uso. Integridade, por sua vez, é garantir que a informação é exata, completa e que não foi alterada indevidamente. E disponibilidade, por fim, é garantir que a informação esteja disponível sempre que for necessária. Porém, é importante destacar que, como em qualquer outra área, há três aspectos que devem ser considerados para uma segurança da informação eficiente: a tecnologia, os processos e o fator humano.

Historicamente, a segurança da informação tem sido vista como uma responsabilidade exclusiva da área de tecnologia da informação das organizações. Esse é um erro comum que causa muitos problemas, pois a área de tecnologia pode lidar muito bem com os aspectos tecnológicos (softwares e hardwares de proteção, como firewalls e antivírus), com a implantação de estratégias de prevenção em várias camadas e com mecanismos de detecção e resposta integrados. Pode, ainda, lidar com os aspectos de processos, criando procedimentos e regras - claro que esses procedimentos e regras devem ser aprovados pela alta administração das organizações.

Contudo, o aspecto humano nem sempre é devidamente considerado na segurança da informação. E os fraudadores sabem e exploram isso ao máximo. Segundo dados coletados pela empresa de segurança da informação **Fortinet**, somente em março deste ano surgiram 600 novas campanhas de phisphing por dia. O relatório *The Fraud Beat* da **Cyxtera**, outra empresa especializada em segurança da informação, demonstra que 90% dos ataques começam com o phishing. E o que é o *phishing*? Pode ser exemplificado por aquele e-mail que recebemos, pedindo para informarmos dados como nome, CPF, e-mail e senhas. Assim, os fraudadores conseguem acesso aos sistemas e redes com credenciais válidas, que foram roubadas dessa forma. E os fraudadores estão aprimorando cada vez mais esses e-mails "isca". Eles utilizam e-mails parecidos com um e-mail válido e assuntos e temas relevantes para a organização que está sendo alvo do ataque. Recentemente, no Tribunal de Contas do Estado de São Paulo, recebemos e-mails falsos sobre folha de pagamento e um supostamente da CAASP, que continham links para sites ilegítimos, praticamente idênticos aos reais. Essa técnica de fraude não se restringe a e-mails: também podem ser utilizadas outras formas de comunicação como o Whatsapp, SMS e redes sociais.

Nos últimos dias, foram veiculadas notícias sobre ataques ao Superior Tribunal de Justiça, Ministério da Saúde e Governo do Distrito Federal. Provavelmente, esses ataques tiveram origem em um *phishing* bem sucedido, que obteve credenciais de acesso à rede e, uma vez dentro, o *hacker* usou técnicas para aumentar o seu nível de privilégio e usar um *ransomware*, que é um software que restringe o acesso aos dados e máquinas virtuais, criptografando tais informações. A liberação do acesso se dá, geralmente, por meio de pagamento de um "resgate" em *bitcoins*, uma critpomoeda que garante transações anônimas.

Mas como podemos evitar que isso ocorra? A tecnologia, certamente, é importante. Mas tão importante quanto é a conscientização de que a segurança depende de todos. Um comportamento digital seguro é parte fundamental da segurança da informação. E para isso, listo algumas recomendações importantes:

- Nunca clique em links de e-mails suspeitos. Desconfie sempre.
- Nunca, nunca mesmo, coloque sua senha em formulários, em resposta a e-mails ou passe por telefone. A senha só deve ser digitada para acesso aos sistemas e e-mails. Se alguém pedir sua senha, certamente não é bem intencionado.
- Use senhas com caracteres maiúsculos, minúsculos, números e caracteres especiais. Quanto maior e mais diversificada for a senha, melhor. E, importante: troque a senha regularmente.
- Não use suas credenciais profissionais para fins particulares, como cadastro em listas de discussão, fórum, sites de compras, redes sociais, dentre outros.
- Mantenha seu equipamento com firewall pessoal e antivírus atualizado.

Lembre-se: a segurança digital é responsabilidade de todos e, principalmente, de cada um de nós.

O PAPEL DAS CORTES DE CONTAS NA ERA DA DESINFORMAÇÃO

Publicado no Banco de Artigos do Instituto Rui Barbosa, em 09/11/2020: https://irbcontas.org.br/artigo/o-papel-das-cortes-de-contas-na-era-da-desinformacao/

As redes sociais nasceram com a promessa de manter as pessoas conectadas com amigos, família e de ser uma forma fácil de nos atualizarmos sobre assuntos de nosso interesse. O facebook definiu isso na sua missão, quando foi criado na metade da primeira década do século XXI: "to make the world more open and connected". Tudo isso sem termos que pagar por seu uso. Será que isso é verdade? O jornalista Andy Lewis tuitou em 2010 que "se você não está pagando por um produto, você é o produto!". Fato é que vivemos em uma época dominada pelas redes sociais. É inacreditável que alguns poucos engenheiros e designers de tecnologia possam dominar bilhões de pessoas, conduzindo-os no seu modo de pensar, agir e viver. Mais que isso, as redes sociais acabaram por possibilitar a disseminação desenfreada de fake news. De acordo com Bradshaw e Howard (2019), pesquisadores da Universidade de Oxford, alguns governos já fazem uso das redes sociais para espalhar informações falsas para colocar em descrédito opositores políticos, matar ideias contrárias e até para suprimir direitos humanos. O mesmo relatório informa que há evidências de manipulação de campanhas políticas por meio de redes sociais em mais de 70 países nas eleições de 2017 e 2018 e que o número de países com campanhas de desinformação política nas redes sociais dobrou nos últimos dois anos. A verdade é que o uso das redes sociais permite alcançar um grande número de pessoas com grande facilidade, dando aos maus atores a ferramenta ideal para espalhar discórdia e alimentar divisões políticas. E quanto mais uma pessoa usa as redes sociais, mais a rede social sabe sobre seus gostos, atitudes, forma de pensar e agir. Os algoritmos de inteligência artificial dessas redes aprendem mais sobre você e passam a sugerir novos vídeos, pessoas para seguir, imagens, notícias, postagens que dão 'batem' com você. Já parou para pensar que a sua timeline nunca é igual a de outra pessoa, por mais próxima e parecida com você seja essa pessoal? Os algoritmos criam uma timeline exclusiva para cada pessoa, com base no conhecimento que eles adquirem sobre você.

Mas nessa era da desinformação e com as eleições se aproximando, como saber o que é verdade e o que é *fake news*? Onde buscar informações confiáveis que possam ajudar o eleitor a escolher seu candidato? Acredito que aí entram com grande força os Tribunais de Contas. Os Tribunais de Contas são órgãos autônomos e independentes de controle externo, responsáveis pela fiscalização contábil, financeira e orçamentária do setor público, ou seja, o objeto a ser controlado são as contas públicas, o que implica que todo gestor público deva prestar contas de seus atos à Corte de Contas a que é jurisdicionado (TAKEDA, 2010). Com isso, os Tribunais de Contas possuem informações contábeis, financeiras, de licitações, contratos, de atos de pessoal, de repasses, ou seja, praticamente todos os dados sobre os gastos públicos de seus entes jurisdicionados. E esses dados são auditados e validados, sendo, portanto, dados confiáveis e de qualidade. Nesse sentido, vários tribunais têm criado painéis e infográficos, disponibilizando dados e informações relevantes sobre cada jurisdicionado e, especialmente, de municípios, estados e casas legislativas. Esses painéis são interativos, com linguagem de fácil entendimento e disponibilizam os dados em formato aberto, sendo fonte riquíssima e confiável de informações. O Tribunal de Contas do Estado de São Paulo (TCESP), por exemplo, possui o Observatório Fiscal, que mostra como cada município do Estado de SP arrecada e gasta o dinheiro público. Há ainda o Mapa das Câmaras, que mostra quanto cada cidadão paga por ano somente para manter a câmara de sua cidade funcionando. Grandes consumidoras de recursos públicos são obras paralisadas e atrasadas e o TCESP tem um painel que mostra isso: obras do âmbito municipal e estadual. Há ainda o Visor, que mostra como está a gestão municipal em relação às obrigações previstas na Lei de Responsabilidade Fiscal, como, por exemplo, o excesso com gasto de pessoal e decorrentes alertas emitidos pelo TCESP. E, em tempos de pandemia, o TCESP também lançou um Painel Covid, que exibe todas as ações e gastos de cada município paulista e do governo do Estado de SP no combate ao coronavírus. Por fim, há ainda a lista de responsáveis por contas julgadas irregulares, disponibilizada por todas as Cortes de Contas do país. Essa lista tem o nome dos gestores públicos que tiveram parecer desfavorável na análise de suas contas anuais. Os Tribunais de Contas enviam essa lista para a justiça eleitoral, que pode julgar o responsável inelegível com base na lei da ficha limpa. Desta forma, as informações disponibilizadas pelas Cortes de Contas acabam sendo uma fonte rica e confiável sobre a saúde financeira dos municípios e também um retrato das atuais administrações, o que o pode ajudar o eleitor no momento de escolher seu candidato. É possível verificar os principais problemas da sua cidade e confrontar esses problemas com as propostas apresentadas pelo candidato e, assim, fazer uma escolha consciente.

De qualquer forma, o importante é pesquisar em fontes confiáveis e fazer suas escolhas por conta própria e não por um algoritmo. Verificar é a palavra-chave. Não tenha como única fonte de informação as redes sociais. Você pode ter a impressão que as pessoas não têm as mesmas informações que você e isso não é só uma impressão. É como as redes sociais funcionam: informações sob medida, de acordo com seu perfil e preferências.

Referências Bibliográficas

BRADSHAW, Samantha; HOWARD, Philip N.. **The Global Disinformation Disorder**: 2019 global inventory of organised social media manipulation. Oxford, 2019. Disponível em: https://comprop.oii.ox.ac.uk/wp-content/uploads/sites/93/2019/09/CyberTroop-Report19.pdf. Acesso em: 01 nov. 2020.

HAIDT, Jonathan; ROSE-STOCKWELL, Tobias. **The Dark Psychology of Social Networks**: why it feels like everything is going haywire. Why it feels like everything is going haywire. 2019. Disponível em: https://www.theatlantic.com/magazine/archive/2019/12/social-media-democracy/600763/. Acesso em: 01 nov. 2020.

LEWIS, Andy. **If you are not paying for it, you're not the customer; you're the product being sold.** 13 out. 2010. Twitter: @andlewis. Disponível em: https://twitter.com/andlewis/status/2438017712. Acesso em: 01 nov. 2020.

TAKEDA, Tatiana de O.. **A missão constitucional dos Tribunais de Contas**. 2010. Disponível em: https://ambitojuridico.com.br/edicoes/revista-82/a-missao-constitucional-dos-tribunais-de-contas/amp/. Acesso em: 01 nov. 2020.

THE NEW YORK TIMES: At Least 70 Countries Have Had Disinformation Campaigns, Study Finds. New York, 26 set. 2019. Disponível em: https://www.nytimes.com/2019/09/26/technology/government-disinformation-cyber-troops.html. Acesso em: 01 nov. 2020.

O DILEMA DA VOTAÇÃO ELETRÔNICA

Artigo publicado pelo Portal Migalhas (27/11/2020) e também pelo Portal Jota (03/12/2020).

Recentemente tivemos eleições nos Estados Unidos e também do Brasil. Enquanto nos EUA a votação foi feita utilizando o papel como principal meio para registrar o desejo do povo, no Brasil, há mais de 20 anos, usamos as urnas eletrônicas. Nos EUA, a apuração demorou dias e ainda segue em andamento em alguns estados. No Brasil, mesmo com um atraso de algumas horas, o resultado saiu praticamente no mesmo dia.

Qual o melhor sistema de votação para garantir que o voto seja registrado de acordo com a vontade do eleitor?

Em um recente artigo publicado por pesquisadores do MIT - *Massachusetts Institute of Technology* (PARK; SPECTER; NARULA; RIVEST, 2020)[17], foi analisado o uso de uma solução para votação online, via Internet, usando a tecnologia de *blockchain*[18]. Cabe destacar que esta é uma solução diferente da usada atualmente no Brasil, que se utiliza de uma rede privada e exclusiva para a transmissão dos dados de votação.

Nesse artigo, os pesquisadores argumentam que as eleições devem ser baseadas em evidências, ou seja, as eleições devem não somente definir o vencedor, mas também convencer o eleitorado com evidências da vitória. Assim, o sistema eleitoral deve ser auditável, criando evidências que possam ser verificadas, e mais, que cada eleição deve ser auditada, ou seja, que as evidências sejam realmente verificadas após as eleições.

Para cumprir essa condição de auditável + auditada, os pesquisadores elencaram cinco requisitos mínimos e não suficientes para uma eleição segura baseada em evidências: **(i) garantia de voto secreto**; **(ii) independência de software** (ou seja, uma mudança não detectada ou erro no software não pode causar uma mudança indetectável no resultado da eleição); **(iii) possibilidade de verificação do registro do voto pelo eleitor** (o eleitor deve ser capaz de certificar-se que sua vontade foi corretamente registrada no meio de registro do voto); **(iv) contestabilidade** (fornecer evidências publicamente verificáveis de que o resultado da eleição não é confiável, sempre que um erro é detectado) e **(v) auditoria** (certificar-se de que as evidências são confiáveis e consistentes para validação do resultado da eleição).

Pois bem, os pesquisadores do MIT concluem que o uso de cédulas de papel, sejam em votação presencial ou as enviadas pelo correio, são menos suscetíveis a ataques em grande escala em comparação com a votação online, onde a exploração de uma única vulnerabilidade pode afetar todas as cédulas de uma só vez. E que o uso da tecnologia de *blockchain* aumentaria ainda mais a vulnerabilidade, uma vez que o requisito de independência de software seria o mais afetado. Ou seja, uma falha ou um ataque poderia alterar o voto de um ou muitos eleitores, de forma indetectável, alterando o resultado da eleição. Com a cédula em papel, o eleitor teria a evidência física de que sua vontade foi corretamente registrada. Para os pesquisadores, os sistemas de votação online são vulneráveis a falhas graves - ataques em maior escala, mais difíceis de detectar e de execução menos complexa - do que ataques contra sistemas de votação baseados em cédulas de papel. A tabela a seguir ilustra a conclusão da análise, classificando em quatro categorias os sistemas de votação:

Tabela 1 - Categorias dos sistemas de votação

	Votação Presencial	**Votação Remota**
Cédulas de papel verificáveis pelo eleitor	Em locais de votação	Por correio
Cédulas não verificáveis ou votação eletrônica	Equipamentos de votação (urnas eletrônicas)	Internet/mobile/ blockchain

Fonte: Adaptado de Park, Specter, Narula e Rivest (2020)

A tabela é autoexplicativa – a linha superior (verde) é independente de software e menos vulnerável a falhas graves do que a linha inferior (vermelho). E, a votação presencial é ainda mais confiável que a votação remota.

Trazendo para o sistema de votação brasileiro, que usa votação presencial em urnas eletrônicas, segundo o artigo dos pesquisadores do MIT, estaríamos no segundo pior cenário. E com a divulgação de que o Tribunal Superior Eleitoral (TSE) foi alvo de ataques cibernéticos, a desconfiança, que existe desde que a urna eletrônica foi introduzida mesmo sem que nenhuma fraude tenha sido comprovada, aumentou ainda mais. Contudo, isso não reflete a realidade do sistema de votação eletrônica do Brasil, pelas razões que discorrerei a seguir.

Inicialmente, cabe ponderar sobre a segurança das urnas eletrônicas brasileiras. O TSE organiza um evento chamado

Teste Público de Segurança (TPS) desde 2009, um ano antes das eleições. No TPS, investigadores e especialistas verificam os mecanismos de segurança implementados no sistema de votação, com o objetivo de encontrar vulnerabilidades e sugerir correções. O último TPS foi realizado em 2019 e teve os seguintes achados e o tratamento proposto pelo TSE ((BRASIL, 2019):

Tabela 2 - Problemas detectados no TPS de 2019

Item	Achado	Ação de mitigação realizada pelo TSE
A.	Chaves do disco criptografado do SIS (Subsistema de Instalação e Segurança) disponível no ambiente de inspeção de código	1. Segregação das chaves contidas no código-fonte em headers (arquivos) separados (C[19]). 2. Retirada das chaves contidas no código-fonte (M).
B.	Execução do SIS em máquina virtual	1. Detecção e bloqueio via driver em espaço de kernel (M).
C.	Criação de dumps de memória[20]	1. Impedir dumps de hibernação (M). 2. Impedir dumps de crash (M). 3. Analisar paginação de memória (L)
D.	Superação dos controles de acesso do SIS	1. Montagem da unidade criptografada sob demanda (M). 2. Autenticação entre SIS e sistema Gerenciador de Dados, Aplicativos e Interface com a Urna Eletrônica (Gedai-UE). (M)
E.	Modificação de dados no sistema Gerenciador de Dados, Aplicativos e Interface com a Urna Eletrônica (Gedai-UE),	1. Redução do conjunto de dados gravados em arquivos pelo Gedai-UE – uso de dados previamente assinados sempre que possível

	para a urna	(M). 2. Assinatura do banco de dados SQLite do Gedai-UE (C).
F.	Execução do Gedai-UE em máquina virtual	1. Detecção e bloqueio de execução na aplicação (M).
G.	Execução do Gedai-UE sob debugger[21]	1. Detecção e bloqueio de execução na aplicação (M).
H.	Acesso a chaves criptográficas do Gedai-UE	1. Mecanismo de proteção por software (M). 2. Mecanismo de proteção por hardware (P).
I.	Perda de comunicação com o teclado do terminal do eleitor	1. Detecção e alerta ao operador (M).
J.	Sinal sonoro do fim de votação usado para outros fins	1. Substituição dos sinais sonoros coincidentes com o fim de votação (C).

Fonte: Adaptado de Brasil (2019).

Após a realização do TPS, o TSE iniciou a implementação das melhorias e correções elencadas na tabela anterior e fez um novo evento para confirmação das melhorias pelos investigadores responsáveis pela identificação dos problemas. O Relatório Final da Comissão Avaliadora confirmou que as alterações efetuadas pela equipe técnica do TSE "atenderam plenamente a melhoria dos quesitos de vulnerabilidade de segurança apontados pelos investigadores"[22].

Após o TPS, aproximadamente um mês antes da votação, os softwares são instalados na urna eletrônica e ela é lacrada matematicamente, utilizando assinatura digital que garante a autenticidade dos softwares, e também é gerado um resumo digital (*hash*), que possibilita que qualquer alteração possa ser identificada, pois esse resumo gerado é único[23].

E será que a urna eletrônica brasileira cumpre os cinco requisitos mínimos para eleição segura baseada em evidências, listados pelos pesquisadores do MIT (PARK; SPECTER; NARULA; RIVEST, 2020)?

O primeiro requisito listado é a **garantia de voto secreto**. Para isso, a urna possui um software que embaralha a ordem de votação, evitando que se identifique em quem cada eleitor votou. Esse software teve uma falha identificada no TPS de 2012 e foi aperfeiçoado e corrigido, sendo testado novamente dos TPS seguintes, que comprovaram sua robustez e segurança[24].

O segundo requisito é a **independência de software**, ou seja, um erro ou mudança não detectada no software não pode causar uma mudança indetectável no resultado da eleição. Aqui, como já abordamos anteriormente, entra a lacração digital dos softwares da urna, com a geração de um *hash*. A partir daí, qualquer alteração nos softwares instalados altera o *hash* e, consequentemente, permite a identificação de que o sistema pode ter sido comprometido. Se isso acontecer, a Justiça Eleitoral pode tomar as ações de contingência[25] para que a eleição transcorra normalmente.

Em relação à **possibilidade de verificação do registro do voto pelo eleitor**, terceiro requisito, quando o eleitor digita o número do seu candidato é exibida a foto e o nome, para que ele possa verificar e confirmar. Além disso, cada voto é gravado em um arquivo chamado Registro Digital do Voto (RDV)[26], de forma aleatório, assinado digitalmente pela urna. É com base no RDV que é emitida a zerésima no início da votação, confirmando que não há nenhum voto registrado na urna. Ao final da votação, o Boletim de Urna (BU) é gerado tendo como base o RDV, sendo o relatório com a apuração dos votos da seção. Desta forma, o RDV gera a evidência necessária para que a eleição possa ser auditada, se necessário, pois o voto é registrado exatamente como digitado pelo eleitor. Além disso, o RDV garante o sigilo do voto, pois cada voto é registrado no RDV de forma aleatório, embaralhada e não na sequência de votação dos eleitores. Cópias do RDV podem ser fornecidas aos partidos políticos e coligações, para que eles possam realizar verificações que considerarem pertinentes. Com isso, o RDV também endereça o quarto requisito, a **contestabilidade do processo**, pois há evidências que podem ser utilizadas para validar o resultado do pleito.

O quinto requisito seria a possibilidade de **auditoria**. Além da possibilidade de auditoria eletrônica, utilizando-se dos arquivos RDVs das urnas, os Tribunais Regionais Eleitorais (TREs) de cada Estado realizam um procedimento chamado de Auditoria de Funcionamento das Urnas Eletrônicas[27] (Votação Paralela). Nesse processo, os TREs, no dia anterior à eleição, sorteiam algumas urnas já preparadas para a votação oficial para que seja feita uma votação paralela. As urnas sorteadas são levadas para o TRE. No dia da eleição, cédulas de votação em papel preenchidas por representantes de partidos e entidades são registrados na urna eletrônica e em um sistema à parte. Após a votação, é feita uma comparação entre o resultado da urna eletrônica e da votação em papel, certificando que a votação eletrônica é fidedigna. Todo o processo é aberto ao público, gravado e com acompanhamento de uma auditoria independente.

Ademais, cabe destacar que a urna eletrônica em uso no Brasil trabalha sem conexão à Internet ou qualquer rede de computadores (*off-line*), praticamente eliminando a possibilidade de ataque externo durante a votação. O resultado de cada urna é transmitido por uma rede privada do TSE, de forma a minimizar qualquer risco inerente à rede mundial de computadores, como as falhas graves - ataques em maior escala, mais difíceis de detectar e de execução menos complexa - dos sistemas de votação online, citados pelos pesquisadores do MIT.

Assim, diante do exposto, podemos concluir que a urna eletrônica utilizada no Brasil é um expoente caso de sucesso, que permite que os cidadãos possam exercer seu direito de voto com segurança e contribui para que o resultado seja conhecido com a rapidez e confiabilidade que só a tecnologia permite.

Referências bibliográficas

BRASIL. Secretaria de Tecnologia da Informação. Tribunal Superior Eleitoral. **Vulnerabilidades e sugestões de melhorias encontradas no Teste Público de Segurança 2019**. Brasília: Justiça Eleitoral, 2019. Disponível em: https://www.justicaeleitoral.jus.br/tps/arquivos/tps_2019_relatorio_tecnico.pdf. Acesso em: 20 nov. 2020.

BRASIL. TRIBUNAL DE CONTAS DA UNIÃO. . **Sumário Executivo**: Levantamento da tecnologia blockchain. Brasília: TCU, 2020. 46 p. Disponível em: https://portal.tcu.gov.br/data/files/59/02/40/6E/C4854710A7AE4547E18818A8/Blockchain_sumario_executivo.pdf. Acesso em: 20 nov. 2020.

COIMBRA, Rodrigo Carneiro Munhoz. Por que a urna eletrônica é segura. **Revista Eletrônica EJE**, Brasília, Ano 4, n. 6, out.-nov. 2014. Disponível em: https://www.tse.jus.br/o-tse/escola-judiciaria-eleitoral/publicacoes/revistas-da-eje/artigos/revista-eletronica-eje-n.-6-ano-4/por-que-a-urna-eletronica-e-segura. Acesso em: 20 nov. 2020.

PARK, Sunoo; SPECTER, Michael; NARULA, Neha; RIVEST, Ronald L.. **Going from Bad to Worse**: From Internet Voting to Blockchain Voting. Cambridge, 06 nov. 2020. Disponível em: https://people.csail.mit.edu/rivest/pubs/PSNR20.pdf. Acesso em: 19 nov. 2020.

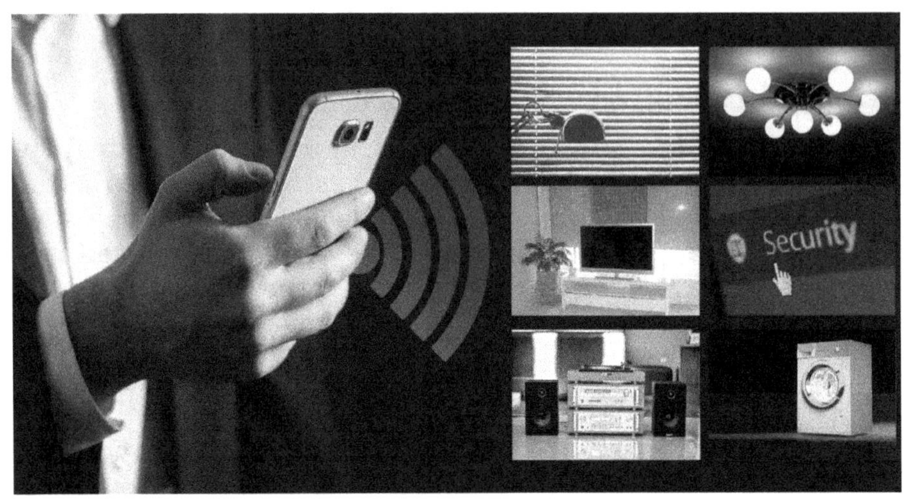

CIDADES INTELIGENTES: COMO A TECNOLOGIA PODE AJUDAR A MELHORAR A VIDA NAS GRANDES METRÓPOLES

Artigo publicado pelo MIT Technology Review Braisl, em 16/12/2020: https://mittechreview.com.br/como-a-tecnolo-gia-pode-ajudar-a-melhorar-a-vida-nas-grandes-metropoles/

Segundo a ONU, até 2050 a população mundial alcançará o patamar de 9,7 bilhões de habitantes e mais de 60% viverá em áreas urbanas, que chamamos genericamente de cidades[29] (EREMIA; TOMA; SANDULEAC, 2016). Os centros urbanos, então, precisam se preparar para atender a essa crescente população, com qualidade e sustentabilidade. Para isso, o uso intensivo da tecnologia é o caminho que já tem contribuído para melhorar a qualidade de vida e o acesso a serviços em todo o mundo. E tecnologias como a Internet das Coisas, Big Data e Inteligência Artificial contribuirão cada vez mais para a construção das chamadas cidades inteligentes. Mas o que seria uma cidade inteligente e quais os benefícios que ela pode trazer para seus cidadãos?

1. O que é uma cidade inteligente?

De uma maneira simplista, podemos definir uma cidade inteligente como aquela que usa a imensidão de dados e tecnologias para melhorar a qualidade de vida de seus cidadãos. Segundo Eremia, Toma e Sanduleac, (2016), "a inteligência de uma cidade é dada pelo conjunto de infraestruturas físicas e legislativas que apoiam o desenvolvimento econômico, garantem a inclusão social e permitem a proteção do meio ambiente". Para que isso seja de fato uma realidade, o *McKinsey Global Institute* (2018) – MGI – elencou três camadas que trabalham interligadas para tornar uma cidade inteligente: **(i) base tecnológica; (ii) aplicativos personalizados** para as necessidades da cidade e o **(iii) engajamento dos cidadãos, empresas e governo local** no uso dos aplicativos e soluções digitais. Dessa forma, os dados que são coletados e analisados acabam ajudando a população e administradores públicos a tomar decisões rápidas e efetivas, baseadas em fatos que acontecem em tempo real, entendendo as mudanças em padrões de demanda.

Vamos falar um pouco mais de cada uma dessas camadas,

começando com a base tecnológica. **Tecnologias emergentes** como Internet das Coisas (*IoT – Internet of Things*), *Big Data*, Inteligência Artificial, robótica e rede de dados móveis de 5ª geração (5G) – que permitem a conexão de milhares de dispositivos e sensores – são determinantes para que uma cidade possa se tornar uma cidade inteligente, tornando-se mais habitáveis e responsivas. E essas tecnologias não são apenas catalisadores para atividades de *back office*: elas contribuem, em conjunto com os *apps* e smartphones, para melhorar diretamente a vida do cidadão. Aí chegamos à segunda camada: **aplicativos personalizados** para as necessidades da cidade. Hoje é possível encontrar vários *apps* que transformam uma gigantesca base de dados brutos em alertas, ações e ideias para a administração e população. Finalmente, para que tudo funcione e realmente dê frutos, o **engajamento** de todos é fundamental. Esse é a terceira camada, fundamental para o sucesso de uma cidade digital, uma vez que nada adianta termos tecnologia e *apps* se esses recursos não são usados pela população, governo e empresas. Esse é o ponto fundamental para que uma cidade se torne realmente inteligente.

Como uma cidade inteligente pode melhorar a vida dos cidadãos?

Segundo o relatório da MGI (*McKinsey Global Institute*, 2018), *apps* de cidades inteligentes podem melhorar a qualidade da vida urbana em vários aspectos, desde segurança, mobilidade, saúde e até no relacionamento entre os cidadãos. A figura a seguir mostra as principais características e ferramentas, que fazem com que uma cidade se torne inteligente (EREMIA; TOMA; SANDULEAC, 2016):

Figura 1 - Características e ferramentas de uma cidade inteligente

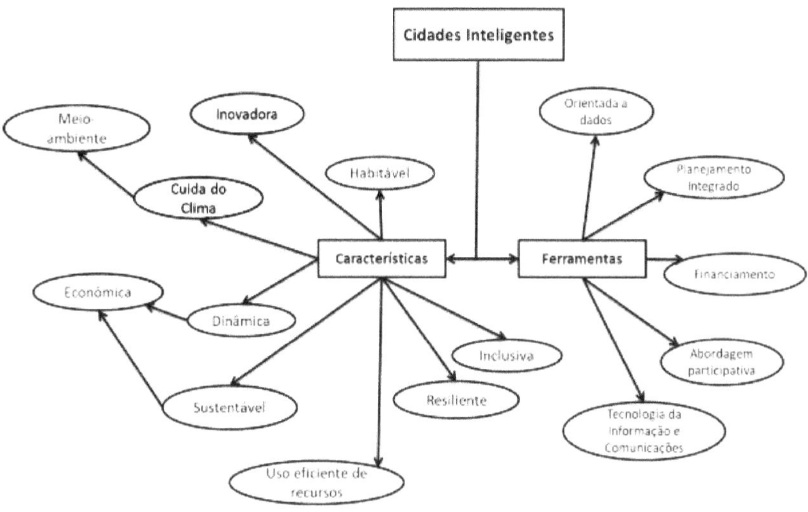

Fonte: Traduzido de Eremia, Toma e Sanduleac (2016)

Destacaremos, a seguir, a transformação que uma cidade inteligente pode trazer para as áreas de segurança e mobilidade, saúde, meio ambiente e participação social.

2. Cidade inteligente segura e com maior mobilidade

Na área de segurança, os *apps* têm o potencial de reduzir os índices de fatalidades. Isso porque é possível fazer o mapeamento de áreas de criminalidade em tempo real e usar técnicas estatísticas para se determinar padrões e, com isso, ter um policiamento preditivo, antecipando o crime antes que ele aconteça. E isso não é um filme de ficção como o *Minority Report*. É o uso de uma grande base de dados (*big data*), enviados e coletados por sensores, câmeras e *apps* de cidadãos e empresas, sobre os quais são aplicadas técnicas avançadas de análise estatística e algoritmos de inteligência artificial. Assim, a administração municipal pode direcionar seus escassos recursos financeiros e de pessoal para mitigar crimes em regiões previamente mapeadas, reduzindo o índice de criminalidade. E tudo isso é possível sem colocar em risco as liberdades civis e privacidade dos cidadãos e sem estereotipar regiões específicas da cidade. E não é só na área de policiamento que os *apps* podem ajudar. Os dados gerados pelos *apps* e sensores podem ajudar na fluidez do trânsito, sincronizando semáforos e até desviando o tráfego por rotas alternativas menos congestionadas. E em caso de necessidade de atendimento de urgência, como os serviços prestados por ambulâncias e bombeiros, a cidade pode se configurar para criar rotas livres para que os veículos de emergência cheguem mais rapidamente ao local do incidente, ganhando minutos preciosos que podem salvar vidas.

As cidades inteligentes podem ainda otimizar o tempo das locomoções diárias de seus cidadãos. Além da possiblidade de sugerir rotas alternativas menos congestionadas, os *apps* podem manter os usuários de transporte público informados sobre eventuais atrasos, por meio de sensores IoT instalados nas vias públicas. Assim, os cidadãos podem se programar melhor, ganhando tempo e tendo um serviço de qualidade, confiável. A sincronização inteligente de semáforos tem o potencial de reduzir o trajeto médio nas cidades. Além disso, aplicativos de estacionamento inteligente podem direcionar os motoristas diretamente para as vagas disponíveis, eliminando o tempo gasto circulando inutilmente pelos quarteirões da cidade, o que aumenta o índice de congestionamento.

Ainda em relação à segurança, é possível identificar áreas de risco, especialmente em caso de calamidade como chuvas torrenciais, que aumentam a probabilidade de alagamentos e enchentes, como acontece de forma recorrente em cidades como São Paulo.

3. Controle da Saúde para uma vida melhor

Uma cidade digital pode também melhorar o atendimento e monitoramento da saúde de seus cidadãos. Já existem aplicativos que ajudam a monitorar doenças crônicas, como diabetes e doenças cardiovasculares. É possível também fazer agendamento de consultas, exames e coletas por meio de aplicativos. Além disso, com a pandemia, a telemedicina acabou sendo autorizada no Brasil[30], com a chancela do Conselho Federal de Medicina, ou seja, o atendimento médico em domicílio de forma virtual. É possível também prescrever medicamentos por meio de ferramentas tecnológicas e controlar a entrega de medicamentos para a população de forma centralizada, com uso de aplicativos. Outra possibilidade que fornece a tecnologia nessa área é o controle de estoque desses medicamentos de forma automatizada, com início de processos de compra no tempo certo, para que não haja falta nas farmácias públicas. Aplicativos também poderiam substituir com vantagens a velha carteira de vacinação em papel, avisando ao cidadão e ao serviço de saúde sobre a necessidade de aplicação de vacinas. Outra possibilidade seria interligar *apps* e *gadgets*, como relógios inteligentes, que monitorariam constantemente pacientes críticos, enviando alertas para o médico e até para o serviço de atendimento médico de urgência, em caso de necessidade. Dessa forma, podemos ter um serviço médico público de maior qualidade, com atendimento adequado para melhorar a qualidade de vida das pessoas.

Na pandemia, a tecnologia acabou sendo utilizada em algumas cidades para monitoramento do índice de distanciamento social, com o objetivo de retardar a propagação da pandemia. Em São Paulo foi criado o SIMI-SP (Sistema de Monitoramento Inteligente de São Paulo[31]), que monitora o deslocamento das pessoas cruzando dados das operadoras de telefonia móvel. As informações são anonimizadas, mas os dados georreferenciados permitem que o governo verifique se as ações de distanciamento social estão sendo efetivas.

4. Cidades Inteligentes e o meio-ambiente

Grandes centros urbanos acabam sofrendo com a questão ambiental. No entanto, em cidades inteligentes é possível melhorar os índices ambientais por meio de aplicativos e sensores distribuídos pela cidade, que possam controlar de forma inteligente os sistemas de automação predial, tarifação dinâmica de energia elétrica, além dos já citados aplicativos de mobilidade urbana, reduzindo a emissão de gases poluentes. Outra possibilidade é o monitoramento do consumo de água dos cidadãos, com sensores, *apps* e medidores inteligentes, emitindo alertas em caso de gasto excessivo, com base no histórico, evitando o desperdício e até mesmo identificando vazamentos logo que ele ocorrer. Soluções similares podem rastrear os resíduos sólidos gerados pelas famílias, orientando quanto ao melhor meio de descarte e incentivando a coleta seletiva, para não prejudicar o meio-ambiente. Há, ainda, a possibilidade de utilizar sensores de qualidade do ar, que podem ajudar a identificar as causas da poluição, servindo com base para o planejamento de ações e projetos para endereçar esses problemas.

5. Cidades inteligentes melhorando o relacionamento entre os gestores públicos e os cidadãos

Aplicativos podem melhorar a comunicação entre os cidadãos e os gestores públicos, permitindo o relato em tempo real de problemas como, por exemplo, buracos nas vias públicas que precisam ser consertados. Ou seja, podem – e devem – ser uma ferramenta fundamental para a efetivação de políticas públicas diversas.

Segundo o MGI (*McKinsey Global Institute*, 2018), aplicativos de relacionamento entre cidadãos e o governo local triplicam o sentimento de conexão e proximidade com os gestores públicos. Esse tipo de ação torna os governos locais mais receptivos e com presença ativa em todas as localidades da cidade. Tais aplicativos, além de ser um canal de comunicação e emissão de alertas para a população, também conseguem coletar dados e informações do cidadão, sendo uma via de mão dupla, que melhora a qualidade de vida na cidade. É possível, até mesmo, implantar políticas de participação popular nas decisões sobre a cidade, como um processo de orçamento participativo, por exemplo. Essa participação popular é, inclusive, incentivada pela nossa Constituição Cidadã e os *apps* seriam uma forma de concretizar a ideia dos constituintes.

6. Caminho para a cidade do futuro

Podemos concluir que as cidades inteligentes são o caminho para que a qualidade de vida nos grandes centros urbanos se torne cada vez melhor. Contudo, não é um caminho fácil, especialmente quanto à implantação da infraestrutura tecnológica, base fundamental para o conceito de cidade inteligente. O importante, sem dúvida, é conhecer os benefícios para o cidadão e também para o município e criar um plano de implantação com objetivos a curto, médio e longo prazo. Assim, com planejamento, é possível melhorar a qualidade de vida nas cidades com uma verdadeira revolução digital.

7. Referências bibliográficas

EREMIA, Mircea; TOMA, Lucian; SANDULEAC, Mihai. **The Smart City Concept in the 21st Century.** In: 10th International Conference Interdisciplinarity in Engineering, 2016. Disponível em: https://www.sciencedirect.com/science/article/pii/S1877705817309402. Acesso em: 03 dez. 2020.

MCKINSEY GLOBAL INSTITUTE. **SMART CITIES**: Digital solutions for a more livable future. 2018. Disponível em: https://www.mckinsey.com/~/media/McKinsey/Industries/Public%20and%20Social%20Sector/Our%20Insights/Smart%20cities%20Digital%20solutions%20for%20a%20more%20livable%20future/MGI-Smart-Cities-Full-Report.pdf. Acesso em: 03 dez. 2020.

VIDIASOVAA, Lyudmila; KACHURINAA, Polina; CRONEMBERGERB, Felippe. **Smart Cities Prospects from the Results of the World Practice Expert Benchmarking**. In: 6th International Young Scientists Conference, YSC 2017. Disponível em: https://www.sciencedirect.com/science/article/pii/S1877050917323955. Acesso em: 03 dez. 2020.

---

[1] Artigo em coautoria com Andrey Fernando da Silva Ribeiro, publicado pela Revista Cadernos EPCP, v.1, p. 52-57

[2] Aprendizagem de máquina é considerada um subcampo da Inteligência Artificial, que trabalha com a ideia de que as máquinas podem aprender sozinhas ao terem acesso a grandes volumes de dados. Esse aprendizado se dá pela detecção de padrões e criação de conexões entre dados, por meio de *Big Data* e algoritmos sofisticados.

[3] Grandes conjuntos de dados, caracterizados pelos 3 Vs: Velocidade, Volume e Variedade.

[4] Omitimos o nome do Município de forma proposital.

[5] Artigo em coautoria com Andrey Fernando da Silva Ribeiro, publicado pela Revista Cadernos EPCP, v.1, p. 10-18

[6] 12.4 – Até 2020, alcançar o manejo ambientalmente adequado dos produtos químicos e de todos os resíduos, ao longo de todo o ciclo de vida destes, de acordo com os marcos internacionalmente acordados, e reduzir significativamente a liberação destes para o ar, água e solo, para minimizar seus impactos negativos sobre a saúde humana e o meio ambiente
12.5 – Até 2030, reduzir substancialmente a geração de resíduos por meio da prevenção, redução, reciclagem e reuso

[7] Artigo publicado em coautoria com Andressa Carvalho da Silva, pela Revista do TCERJ, v. 14, p. 30-42.

[8] BRASIL. Superior Tribunal de Justiça. MS 9.642/DF. Relator: Min. Luiz Fux, 23 de fevereiro de 2005. Diário de Justiça: seção 1, Brasília, DF, p. 204, 21 mar. 2005.

[9] Artigo publicado no Diário Oficial do Estado de São Paulo, Caderno Legislativo, em 16/07/2020.

[10] Artigo publicado no Banco de Artigos do Instituto Rui Barbosa, em 17/07/2020: https://irbcontas.org.br/artigo/desafios-para-uma-cultura-de-inovacao-no-setor-publico/

[11] https://www.innovationpolicyplatform.org/www.innovationpolicyplatform.org/content/public-sector-innovation/index.html

[12] https://www.amazon.com.br/dp/B00N2XRWPI/ref=dp-kindle-redirect?_encoding=UTF8&btkr=1

[13] Artigo publicado pela MIT Technology Review Brasil, em 29/09/2020: https://mittechreview.com.br/fundamentos-pilares-e-aplicacoes-da-inteligencia-artificial-no-setor-publico/

[14] Publicado no Diário Oficial do Estado de São Paulo, Caderno Legislativo, p. 175 - 175, em 07/11/2020

[15] Publicado no Banco de Artigos do Instituto Rui Barbosa, em 09/11/2020: https://irbcontas.org.br/artigo/o-papel-das-cortes-de-contas-na-era-da-desinformacao/

[16] Artigo publicado pelo Portal Migalhas (27/11/2020) e também pelo Portal Jota (03/12/2020).

[17] PARK, Sunoo; SPECTER, Michael; NARULA, Neha; RIVEST, Ronald L.. **Going from Bad to Worse**: From Internet Voting to Blockchain Voting. Cambridge, 06 nov. 2020. Disponível em: https://people.csail.mit.edu/rivest/pubs/PSNR20.pdf. Acesso em: 19 nov. 2020.

[18] Segundo a Organização para a Cooperação e Desenvolvimento Econômico (OCDE), a tecnologia *blockchain* é uma forma de tecnologia distribuída de livro-razão, a qual atua como um registro (uma lista) aberto e autenticado de transações de uma parte para outra (ou múltiplas partes), que não são armazenadas por uma autoridade central. Em vez disso, cada usuário armazena uma cópia local do livro-razão, executando um software *blockchain* conectado a uma rede *blockchain* – também conhecido como nó.
Ao invés de uma autoridade central manter exclusivamente a base de dados, todos os nós têm uma cópia do livro-razão, sendo que as atualizações do livro-razão blockchain são propagadas através da rede em minutos ou segundos. (BRASIL, 2020)

[19] Segundo a STI do TSE, os prazos para implementação das correções propostas são listados a seguir:
(C) - Curto prazo: conclusão até a primeira quinzena de janeiro/2020.
(M) - Médio prazo: conclusão até o Teste de Confirmação (final de abril/2020).
(L) - Longo prazo: conclusão até a lacração das Eleições 2020.
(P) - Pós 2020: conclusão após a lacração das Eleições 2020 (tratam-se de evoluções mais robustas sobre as ações anteriores).

[20] É quando é feito uma cópia em disco do conteúdo da memória em um determinado momento da execução do programa. Em geral isto é feito em um momento de erro.

[21] Debugger é um programa de computador usado para testar outros programas com o objetivo de encontrar os defeitos do programa.

[22] https://www.tse.jus.br/imprensa/noticias-tse/arquivos/tse-relatorio-final-comissao-avaliadora-tps/rybena_pdf?file=https://www.tse.jus.br/imprensa/noticias-tse/arquivos/tse-relatorio-final-comissao-avaliadora-tps/at_download/file

[23] https://www.tse.jus.br/eleicoes/urna-eletronica/seguranca

[24] https://www.justicaeleitoral.jus.br/arquivos/perguntas-mais-frequentes-sistema-eletronico-de-votacao/rybena_pdf?file=https://www.justicaeleitoral.jus.br/arquivos/perguntas-mais-frequentes-sistema-eletronico-de-votacao/at_download/file

[25] tse.jus.br/eleicoes/urna-eletronica/seguranca-da-urna/procedimentos-de-contingencia

[26] https://www.tse.jus.br/eleicoes/urna-eletronica/seguranca-da-urna/registro-digital-do-voto

[27] https://www.tse.jus.br/legislacao/compilada/res/2019/resolucao-no-23-603-de-12-de-dezembro-de-2019

[28] Artigo publicado pelo MIT Technology Review Braisl, em 16/11/2020: https://mittechreview.com.br/como-a-tecnologia-pode-ajudar-a-melhorar-a-vida-nas-grandes-metropoles/

[29] De acordo com o Dicionário do Desenvolvimento (https://ddesenvolvimento.com/), uma cidade é uma área urbanizada, que se diferencia

de vilas e outros espaços urbanos através de vários critérios: população, infraestrutura, organização, serviços, entre outros. Uma cidade caracteriza-se por um estilo de vida particular dos seus habitantes, pela urbanização e pela concentração de atividades económicas.

[30] Lei nº 13.989, de 15 de abril de 2020, que dispõe sobre o uso da telemedicina durante a crise causada pelo coronavírus (SARS-CoV-2).

[31] https://www.saopaulo.sp.gov.br/coronavirus/isolamento

Roteadores Cisco: Guia Básico de Configuração e Operação

Este livro explica, passo a passo, a configuração e o funcionamento de um roteador Cisco. Apresenta também conceitos e componentes dos roteadores, comparando-os com computadores pessoais, o que facilita a compreensão e desmistifica esse equipamento tão importante.

Para obter-se uma leitura mais produtiva, apresentamos um cenário de rede fornecendo ao leitor as ferramentas (comandos e suas explicações) necessárias para configurá-la. Dessa forma, a cada novo comando aprendido, uma parte do cenário será configurada.

No final do livro consta uma tabela com todos os comandos vistos, uma fonte de consulta rápida extremamente eficaz.

Esta obra destina-se a estudantes e profissionais de redes que desejam aprender como configurar um roteador Cisco e estão ingressando no fascinante mundo das redes. Também é útil para quem está se preparando para o exame de certificação Cisco CCNA, visto que aborda mais de cem comandos exigidos na prova.

Principais assuntos tratados no livro:

- Cisco IOS
- CLI – Command Line Interface
- Modo EXEC usuário e privilegiado
- Modo Setup
- Modos de configuração do roteador
- Comandos show
- Configuração de senhas
- Configuração de Interfaces e Lines
- Configuração de protocolos de roteamento e rotas estáticas
- Listas de controle de acesso
- Dicas de resolução de problema

Fabio Correa Xavier

Mestre em Ciência da Computação pela USP, com MBA em Gestão de Negócios pelo IBMEC/RJ, possui ainda Especialização Network Engineering pela JICA-Japão, e pós-graduação em Gestão Pública e Responsabilidade Fiscal e pós-graduação em Projetos de Redes.

Profissional com mais de 25 anos de experiência na área de tecnologia e segurança da informação, com atuação em empresas de grande porte, do setor público e privado.

Atuação por mais de quinze anos em atividades de ensino, como professor, coordenador de graduação, pós-graduação e coordenação geral.

Avaliador de curso do BASIS do MEC/INEP e professor integrante das comissões assessoras do ENADE/2008 e ENADE/2011, na área de redes de computadores.

Autor do livro "Roteadores Cisco: guia básico de configuração e operação".

Atualmente é Diretor do Departamento de Tecnologia da Informação do Tribunal de Contas do Estado de São Paulo, Professor e Coordenador de Graduação na Faculdade Descomplica e colunista do MIT Technology Review Brasil.

É também membro do Conselho de Administração do Instituto do Câncer Dr. Arnaldo e integrante do Comitê de Tecnologia, Governança e Segurança da Informação dos Tribunais de Contas do Brasil, em ambos os casos, atuando como voluntário.

O autor pode ser encontrado pelo Linkedin (www.linkedin.com/in/fabiocorreaxavier) ou pelo Twitter (@fabiocx).

www.ingramcontent.com/pod-product-compliance
Lightning Source LLC
LaVergne TN
LVHW010236200726
843506LV00014B/3002